国情教育研究书系

田慧生◎主编　曾天山◎副主编

中国教育网络舆情报告 *2013*

中国教育科学研究院教育舆情研究课题组　著

教育科学出版社

·北京·

丛书总序

为打造具有国家水准、国际视野的教育科研成果，更好地服务于办好人民满意的教育，服务于全面建成小康社会，在中央级公益性科研院所基本科研业务费专项基金的支持下，我院开展了对国内外重大教育理论与现实问题的系统研究，形成了"国情、国视、国菁、国际"四大书系。

"国情"教育研究书系以年度发展报告的形式，全面反映我国各级各类教育的成就、经验和挑战，对全国各省（自治区、直辖市）教育发展和政策进行区域比较，对我国各级各类教育的发展水平进行国际比较，力求对我国教育的规模、结构、质量和效益做出科学判断。

"国视"教育研究书系聚焦社会关注的教育热点难点，着眼于基础性、长远性、前瞻性问题，以了解事实、回应关切、提供政策建议为主要目的，探索教育发展规律。

"国菁"教育调研书系专门研究大中小学生的学习生活状态，涉及学校生活、家庭生活、社会生活、网络生活等，通过调查研究，了解当代学生的思想情感和行为特点，为研究如何促进学生的身心健康发展提供科学依据。

"国际"教育研究书系分为著作和译作两类，主要反映国际教育改革发展动态，回顾国际教育的历史进程，跟踪国际教育的改革动态，把握国际教育的发展趋势。

四大书系既各自独立又相互联系，在保持各书系特点的同时，力求做到：

一、"从事实切入"。"事实"是"事件真实的情形"，是在过去和现在被验证且中立的信息。在科学研究中，事实是指可证明的概念，是研究的起点。客观的事实是逻辑的基础和内容，逻辑是事实的理论再现。从实际对象出发，从实际情况出发，能够提高研究问题的针对性和实效性。

二、"用数据说话"。数据是研究和决策的基础。四大书系力图建立在数据和事实的基础之上，通过对数据的搜集、提炼、整合、分析，发现问题，探索规律。

三、"做比较分析"。没有比较就没有鉴别。四大书系力求通过国别比较、区域比较、类型比较、结构比较，找到差距，发现真知，提供卓见。

四、"搞协同创新"。协同创新是提高创新效率和创新水平的战略要求。四大书系研究调动院内外、系统内外、国内外资源，注重人员交叉、学科交叉、方法交叉，力求有所创新、有所突破。

五、"靠政策影响"。建言献策是智库研究的最终目的。四大书系以教育公共政策为研究对象，以影响政府决策为研究目标，以公共利益为研究导向，以社会责任为研究准则，建可信之言，献可行之策。

四大书系的编辑出版是我院全面提高教育科研水平的一项整体努力，也是建设国家一流教育智库的客观要求。在研究和编写过程中，书系得到了相关机构和同仁，特别是教育部相关司局及有关部委的大力支持，前期成果也受到了广大读者的欢迎，在此一并致谢！我们将以此为起点，不懈努力，加快中国特色新型智库建设，为推动中国教育事业科学发展发挥不可替代的重要作用。

中国教育科学研究院
2014 年 11 月

目　录
CONTENTS

前　言 / 001

　　一、2013 年教育舆情的总体特征 / 001

　　二、各级各类教育舆情的纵向分析 / 004

　　三、教育网络舆情的传播特点 / 008

第一章　2013 年教育网络舆情概览 / 009

　　一、2013 年排名前 20 位的教育舆情事件 / 009

　　二、师生安全最易引发教育舆情事件 / 011

　　三、义务教育领域最易发生教育舆情事件 / 014

　　四、北京、广东、河南是发生教育舆情事件最多的地区 / 016

　　五、负面舆情事件占七成 / 023

　　六、学生是最易引发教育舆情事件的主体 / 026

第二章　2013 年各级各类教育网络舆情分析 / 029

　　一、各级各类教育网络舆情概览 / 029

　　二、学前教育网络舆情分析 / 035

　　三、义务教育网络舆情分析 / 041

　　四、高中阶段教育网络舆情分析 / 049

　　五、职业教育网络舆情分析 / 056

六、高等教育网络舆情分析 / 061

第三章　教育舆情专题分析 / 069
一、校园安全舆情专题分析 / 069
二、性侵犯舆情专题分析 / 073
三、教师体罚舆情专题分析 / 077

第四章　2013 年教育网络舆情的传播特点、趋势与应对策略 / 084
一、教育网络舆情传播特点与趋势分析 / 085
二、教育网络舆情主要微博用户分析 / 092
三、教育网络舆情案例分析 / 093
四、教育网络舆情应对策略 / 100

附　录　教育网络舆情监测技术说明 / 103
一、中国教育科学研究院教育网络舆情监测平台 / 103
二、教育网络舆情事件的整理流程 / 106
三、教育网络舆情事件热度指标体系 / 107
四、教育网络舆情事件热度指数计算方法 / 110

后　记 / 113

2011 年，在中国教育科学研究院论证教育网络舆情监测平台建设的报告中，我们写下了一段话：网络是推动教育发展不可忽视的力量，网络是各种教育观点意见的集散地，网络是表达民意和社会监督的新渠道，互联网教育舆情应该成为教育科学研究的新领域、新挑战、新机遇。

在这样一个快速发展的信息时代里，我们正在见证网络对教育改革和发展的革命性影响。在这一历史进程中，学生们在想什么？教师们要说什么？社会在关注什么？国外的人如何评论我们？由对这些问题的看法所形成的教育舆情，已成为教育改革发展应该且必须关注的重要课题。

自 2012 年以来，我们依靠现代网络信息技术，建立了中国教育科学研究院教育网络舆情监测平台，自动抓取网站、论坛、微博等媒体公开发布的海量信息，依靠院内外专业教育科研人员，客观描述教育舆情现状，探索教育舆情传播规律，还原舆情背后真相，剖析舆情深层原因。以此为基础形成的教育网络舆情报告，力求为教育决策提供科研咨询，为教育舆情管理提供智力参考。

《中国教育网络舆情报告 2013》力求在两个方面有所突破：一是建构教育网络舆情监测指标体系；二是进一步细化报告的分析框架，加入专题分析、技术方案等内容，同时，进一步提高数据的可视化分析水平，力争做到生动直观、可读性强。

一、2013 年教育舆情的总体特征

本报告利用中国教育科学研究院教育网络舆情监测平台，通过对国内

6315 家网站、925 家传统媒体（电子版）、1291 个论坛、141 个影响力较大的博客、568426 个微博用户以及 125 家境外媒体进行实时监测，抓取到的信息多达 400 万条，较为全面地梳理了当前教育网络舆情事件各方面的一些情况，经过平台统计和人工分析，最后筛选出 2013 年受到网民广泛关注的 846 起教育舆情事件。本报告从事件的类型、所属教育领域、发生的地点、情感倾向等方面，对 2013 年教育舆情的总体特征进行了分析。

第一，师生安全和师生言行是教育舆情事件高发类型，占比分别为 33.45% 和 24.59%。

本报告将教育舆情事件分为师生安全、师生言行、教育政策、教育腐败、学校管理、招生考试、毕业就业、维权诉求、其他等类型。2013 年发生的热点教育舆情事件中，师生安全是最容易引发教育舆情事件的类型，其次为师生言行。

师生安全类事件中，性侵犯、非正常伤亡、校园安全为主要涉事类型，占比分别为 41.34%、38.16%、20.49%。其中，未成年群体遭受性侵犯的事件较多，如海南 6 名小学女生被校长和政府人员带走开房等事件。涉案人多为社会人员和学校老师，占比分别为 38.46%、36.75%。性侵事件屡屡发生，不仅给孩子的身心带来了极大伤害，在社会上造成了十分恶劣的影响，也反映出当地教育部门在教师队伍管理方面存在漏洞以及师德缺失等现实问题。

在师生安全类事件中，非正常伤亡事件备受媒体和广大网民关注，包括自杀、意外事故、故意伤害、交通事故等。其中，学生自杀类舆情事件占比最高，达 29.60%。影响力较大的自杀事件中，初中生自杀事件有 14 起，高中生自杀事件有 11 起，大学生自杀事件有 6 起，小学生自杀事件有 1 起。青少年面临学业负担过重、考试成绩不佳、家庭经济困难以及就业、情感等诸多压力，是自杀高危人群。针对日益突出的学生自杀问题，学校应建立起相应的识别和干预体系，建立一支校园心理危机干预队伍。同时，家长也要为孩子的人生道路筑起心灵安全防火墙，尽到家庭教育的责任。

第二，义务教育领域发生的教育舆情事件最多，占比达 40.4%，其次是高等教育领域，占比达 28.7%。

2013 年各个教育领域发生的舆情事件数量整体而言略有增多，其中义务教育领域发生的教育舆情事件最多，高等教育领域次之。义务教育领域热点事件的数量不断攀升。家庭教育事件逐渐进入公众视野，这一变化体现出社会对家庭教育的关注度有所提高。

师生安全类事件在义务教育领域发生的舆情事件中占比最高，达 40.35%；其次是师生言行类和教育政策类事件。师生安全类事件中，性侵犯事件最多，有 67 起，占比达 19.59%。学生被校长侵犯的事件有 9 起，被教师侵犯的事件有 30 起。在这里尤其要注意的是，校长、教师成为性侵中小学生的犯罪高发群体。

高等教育领域超过 1/4 的舆情事件都是师生言行类事件，占比达 28.79%。师生言行类事件中，学生言行事件最多，占比达 20.62%，如清华女生铊中毒案 19 年未破、女博士后网曝中央编译局局长与其 17 次开房经过等。其次是师生安全事件和教育腐败事件，教育腐败事件中尤以学术不端事件居多。

第三，50% 的教育舆情事件发生在我国东部地区①，北京、广东、河南是教育舆情事件高发地区。

2013 年教育舆情事件主要发生在经济发达的东部地区，事件数高达 342 起，占比达 48.31%。这可能与东部地区学校众多，人口密度大，传媒业较为发达，校园的舆情事件能够被及时报道进而引发各界关注有关。中部地区次之，事件数为 222 起，占比达 31.36%。西部地区事件数为 144 起，占比达 20.34%。分省份来看，北京、广东、河南是教育舆情事件的高发地区，河南桐柏一 56 岁教师性侵十多名小学女生以及留守幼儿校车内闷死等事件引起轩然大波，将河南推至舆论的风口浪尖。

---

① 东、中、西部地区的划分依据全国人大六届四次会议通过、"七五"计划正式公布的划分标准。西部地区包括 12 个省级行政区，分别是四川、重庆、贵州、云南、西藏、陕西、甘肃、青海、宁夏、新疆、广西、内蒙古；中部地区包括 8 个省级行政区，分别是山西、吉林、黑龙江、安徽、江西、河南、湖北、湖南；东部地区包括 11 个省级行政区，分别是北京、天津、河北、辽宁、上海、江苏、浙江、福建、山东、广东、海南。

2013 年发生在城市的教育舆情事件最多，共计 421 起，占比达 51.64%，主要涉及师生安全，城市人口争夺优质教育资源，上学难、升学难以及外来人口子女就学难等问题。农村发生的舆情事件共计 251 起，占比达 30.86%，主要涉及教育投入低、校舍缺乏、教育设施不足、师资队伍人才流失严重以及师生安全等问题。

第四，2013 年教育舆情事件中负面事件占比偏高，达 71.63%。

2013 年共发生负面舆情事件 606 起，正面舆情事件 98 起，中性事件 70 起，争议事件 72 起。2013 年受到广泛关注的 846 起教育舆情事件中大部分都是负面事件，占比达 71.63%，正面事件占比仅为 11.58%。

义务教育领域负面舆情事件居多，共发生 259 起，占比达 42.74%；高等教育领域次之，负面舆情事件占比为 26.40%。负面舆情事件中，师生安全类事件多发，共发生 267 起，占比高达 44.13%，如性侵犯、同窗伤害等。师生言行类事件次之，共发生 158 起，占比达 26.12%。

正面舆情事件中，教育政策类事件共计 57 起，占比最高，达 58.16%。主要事件包括：深化教育领域综合改革，对推进考试招生制度改革、深入推进管办评分离等做出决策部署；教育经费投入 4% 目标如期实现；县域义务教育均衡发展督导评估启动；等等。这些正面事件体现了党中央对教育工作的高度重视，为推进教育改革发展、努力办好人民满意的教育指明了方向。

二、各级各类教育舆情的纵向分析

（一）学前教育

第一，在学前教育领域，社会对师生安全类事件的关注度一直居高不下。2013 年师生安全类事件占学前教育领域舆情事件总数的 54.41%，其中 85.29% 的事件是负面事件，共计 58 起。师生安全类事件中，性侵犯事件最多，共计 14 起，占比达 20.59%，其中有 6 起发生在校内，8 起发生在校外，如陕西高陵县榆楚镇育英幼儿园 60 岁园长猥亵多名女童、四川冕宁 4 岁女童被 66 岁邻居性侵等。

第二，2013 年学前教育领域发生舆情事件最多的省份是北京，有 11 起，占比达 16.18%。其次是河北和四川，分别有 6 起和 5 起。发生在北京的事件多为师生安全类事件，共计 3 起。

第三，2013 年学前教育领域发生的舆情事件中，负面舆情事件占比达 85.29%，备受媒体和网民的关注。其中校车安全、食品安全、幼童被性侵等师生安全类事件居多，如女童在陕西某幼儿园摔倒 3 次后死亡、女子猥亵 4 岁男童将其"小弟弟"亲红肿、河南留守幼儿校车内闷死等。正面舆情事件主要有中央支持学前教育着力解决"入园难"等。

(二) 义务教育

第一，师生安全类事件在 2013 年义务教育领域发生的舆情事件中占比最大，共计 138 起，占比达 40.35%。其次是师生言行类和教育政策类事件。性侵犯事件在师生安全类事件中占主体，共计 67 起，占比达 19.59%，如海南 6 名小学女生被校长和政府人员带走开房、安徽潜山一小学校长猥亵多名女生 10 余年、浙江温州乐清一副校长猥亵女生等重大舆情事件。

第二，2013 年义务教育领域舆情事件多发生在东部地区。东部地区发生的事件共计 127 起，占比达 42.47%；中部地区次之，共计 101 起，占比达 33.78%；西部地区共计 71 起，占比达 23.75%。北京、广东、河南是舆情事件发生最多的地域。师生安全和师生言行成为东、中、西部地区高发事件类型。

第三，2013 年义务教育领域发生的负面舆情事件共计 259 起，占比达 75.73%。其中，师生安全类负面事件最多，有 132 起，如湖北老河口学生踩踏事故等。正面事件有教育部就《小学生减负十条规定》公开征求意见，其中"不留作业""严禁违规补课""一科一辅"等规定引发社会热议。

（三）高中阶段教育

第一，师生安全类事件在 2013 年高中阶段教育领域发生的舆情事件中占比较高，达 29.20%，共计 33 起。其次是师生言行类和教育政策类事件，分别有 32 起和 12 起。师生安全类事件中，非正常伤亡事件最多，共计 16 起，占比达 48.48%。

第二，2013 年高中阶段教育领域发生舆情事件最多的省份是河南，有 14 起，占比达 12.39%。其次是广东和安徽，分别有 12 起和 8 起。河南因某教师对违纪学生罚钱并称灵感来自"商鞅变法"、某高中教官常体罚学生惹众怒被学生打破头缝 6 针、漯河千余高考生拜文曲星临时抱佛脚等舆情事件而成为备受媒体和网民关注的地区。

第三，2013 年高中阶段教育领域发生的负面舆情事件共计 79 起，占比达 69.91%。师生安全类和师生言行类事件在负面事件中占比最高，分别有 31 起和 24 起。师生安全类事件中非正常死亡事件较多，如武汉两名考生高考失利一跳楼一吞钉等。师生言行类事件主要有江西抚州高三学生雷某杀害班主任、云南陆良两名高中生因在教学楼内吹泡泡和扔纸飞机被学校开除、甘肃一中学老师用毕业证要挟女生亲吻等。正面舆情事件中教育政策类事件最多，主要涉及异地高考方案、取消高考加分等。

（四）职业教育

第一，与 2012 年相比，2013 年职业教育领域发生的舆情事件有所增加，事件类型以师生言行类为主，共计 12 起，占比达 48%。师生言行类事件中，学生言行事件最多，共计 11 起，占比达 91.67%，如河北廊坊数百名学生抗议食堂菜价高掀翻桌椅、深圳某技工学校学生不满伙食差微博骂校长等。职业教育领域的舆情事件增多，从某种程度上体现了社会对职业教育的关注度有所提高。同时也要认识到，在加大职业教育扶持力度的同时，加强职业教育学校的教育教学管理刻不容缓。

第二，2013 年职业教育领域的舆情事件主要发生在陕西，其次是广东。发生在陕西的事件多为师生安全类事件，如陕西宝鸡职业技术学院机械系 16 岁男生离奇坠楼等。职业教育领域的大部分舆情事件都发生在学校，共计 22 起，占比达 88%。

第三，2013 年负面舆情事件在职业教育领域备受关注，共计 23 起，占比达 92%。其中，师生言行类和师生安全类负面事件最多，分别有 12 起和 7 起。正面事件则有"支持贫困地区大学生村官成长工程"在北方汽修学校开课等。

（五）高等教育

第一，2013 年高等教育领域发生的舆情事件中师生言行类事件最多，共计 74 起，占比达 28.79%。高等教育仍是教育舆情热点事件高发领域，2013 年热度较高的高等教育舆情事件共有 257 起，较 2012 年的 243 起有所增加。在多发的师生言行类事件中，学生言行事件最多，达 53 起，占比达 20.62%，如影响较大的复旦大学研究生中毒事件等。

第二，2013 年北京地区发生的高等教育舆情事件受关注度位居全国首位，共有 42 起，占比达 16.34%。其次是湖北和江苏，分别有 19 起和 16 起。发生在北京的事件多为师生言行类事件，共有 17 起，其中 10 起是教师言行事件，7 起是学生言行事件。教师言行事件主要有清华法学教授就"强奸陪酒女危害小"言论致歉、北大教授质疑恒大绣国旗、北大教授呼吁公开房产信息等。学生言行事件主要有清华女生铊中毒案 19 年未破、名校大四男生杀害两卖淫女并辱尸等。

第三，2013 年高等教育领域发生的舆情事件中负面事件占比偏高，共计 160 起，占比达 62.26%。一系列高校校园安全事件、师生言行不当事件、领导教育腐败事件等多次引发高校的舆情危机，令高等教育成为 2013 年舆论广泛关注和讨论的焦点。其中，师生安全类和师生言行类负面事件最多，分别有 48 起和 47 起。高等教育领域正面舆情事件多为教育政策类事件，如国务院决定进一步提高重点高校招收农村学生比例、2014 年起研究生取消公费、教育部称自主招生高校调整不到位或被取消资格等。

三、教育网络舆情的传播特点

第一，新闻网站和主要门户网站在教育网络舆情的关注和传播中依然发挥主导作用，是教育网络舆情信息传播的主渠道。其中，中央级媒体网站以及大型门户网站在舆情信息的发布与传播方面依然具有绝对领先优势，人民网的新闻报道量位居榜首，大型门户网站如搜狐、网易等次之。

第二，纸质媒体（网络版）中的地方性报纸对教育网络舆情具有较高的关注度。2013年教育舆情事件报道量排名前十的纸质媒体中，地方性报纸占80%，如《渭南日报》《齐鲁晚报》《羊城晚报》等。相对于中央级媒体，地方性媒体对教育舆情事件的报道力度较大，对教育舆情事件给予了较多关注。

第三，微博在教育网络舆情信息的传播中具有数量上的绝对优势，2013年其信息发布量为3442000条，为其他类型媒体合计发布量的12倍以上。可见，微博通过信息累积，对于舆情事件的发生、发酵和发展起到了重要的推动作用。

第四，对568426个微博注册用户的监测和账号分析显示，2013年王久辛、邓飞、李开复、郑渊洁、北京晨雾、熊丙奇、王旭明、罗崇敏、朱永新、孙云晓等人的微博受网民关注度较高，微博转发和评论数量较多；《头条新闻》《环球时报》《广州日报》、财经网、《南方日报》《楚天都市报》《新闻晨报》《羊城晚报》《大河报》《扬子晚报》等媒体微博备受网民关注。

第五，虽然网民已成为重要的社会信息员，但传统大众媒体的地位仍然无法撼动。网民在社会告知层面有很大影响，但是在挖掘信息、证伪方面能力有限。因此，专业化的传统大众媒体无论是在信息量上还是在时效性上，都具备微博所不具备的优势，团队化和专业性的特征使其对舆情信息的反应更迅速、更敏锐，更能提前促成舆情信息的聚焦。

此外，对2013年受到广泛关注的846起教育舆情事件的分析结果显示，性侵犯、校园安全和教师体罚为舆情事件三大易发类型，本报告聚焦这三大类型事件进行了专题分析，以帮助读者更为全面地了解和思考相关问题。

第一章

2013年教育网络舆情概览

随着互联网的发展，网络已经成为人们表达观点、发表意见的重要舞台，网络舆情在舆情中占据了重要地位，舆情研究也越来越受到各级党政机关、企事业单位和学术机构的高度重视。加强舆情分析研究既是贯彻党的群众路线的根本要求，也是贯彻落实十八大提出的"广纳群言、广集民智，增进共识、增强合力"，以及习近平总书记在2014年全国宣传思想工作会议上强调的"必须坚持巩固壮大主流思想舆论，弘扬主旋律，传播正能量"的有效举措。本报告利用中国教育科学研究院教育网络舆情监测平台，经过平台统计和人工分析，梳理出2013年受到网民广泛关注的846起教育舆情事件。同时，还建立了教育网络舆情事件热度指标体系（详见本书附录），筛选出网民最关心、最关注的热点事件。考察这些教育舆情事件的概况，有助于我们系统地理解和把握教育舆情。为此，我们从事件的类型、所属教育领域、发生的地点、情感倾向、媒体报道时的主体五个方面进行了分析。

一、2013年排名前20位的教育舆情事件

2013年，教育改革发展稳步推进，各省市异地高考政策、教育部制定

的师德"十条禁令"（征求意见稿）、北京中高考改革方案、文理不分科、进一步提高重点高校招收农村学生比例等重大政策举措陆续出台，人民群众对教育发展满怀期待，推进教育公平、提高教育质量、办好人民满意的教育仍然"在路上"，信任、关注、期盼、争议和不满仍然伴随着教育事业前行的每一步。我们对 2013 年教育舆情事件进行了综合分析，根据热度指数整理出排名前 20 位[①]的舆情事件（图 1-1）。

排名	事件	热度指数	
1	海南6名小学女生被校长和政府人员带走开房	*77.94*	★★★★☆
2	神舟十号太空授课	*71.88*	★★★★☆
3	复旦大学中毒研究生经抢救无效去世	*46.89*	★★★☆☆
4	清华女生铊中毒案19年未破	*27.70*	★★☆☆☆
5	教育部拟规定小学生不留书面作业取消百分制	*21.39*	★★☆☆☆
6	教育部部长称不能取消高考但要改革	*20.97*	★★☆☆☆
7	教育部等部门专题协商关爱农村留守儿童志愿服务工作	*17.81*	★★☆☆☆
8	中国农村留守儿童数量超过6000万	*17.35*	★★☆☆☆
9	教育部前发言人呼吁取消小学英语课	*15.50*	★★☆☆☆
10	老师曝超半数学生家长给老师送礼，"祝福"成"助腐"	*14.22*	★★☆☆☆
11	国务院：进一步提高重点高校招收农村学生比例	*12.86*	★☆☆☆☆
12	2014年起研究生取消公费	*12.18*	★☆☆☆☆
13	一名中国留学生被确认在波士顿爆炸案中遇难	*11.91*	★☆☆☆☆
14	湖北老河口学生踩踏事故	*10.73*	★☆☆☆☆
15	安徽潜山一小学校长猥亵多名女生10余年	*10.18*	★☆☆☆☆
16	江西临川：高三学生为何杀害班主任	*9.01*	★☆☆☆☆
17	河北平山幼儿园为抢生源给酸奶下毒致2女童死亡	*9.00*	★☆☆☆☆
18	女博士后网曝中央编译局局长与其17次开房经过	*8.91*	★☆☆☆☆
19	湖北罗田县数百教师罢课	*8.57*	★☆☆☆☆
20	北京舞蹈老师疯狂殴打辱骂学生	*7.99*	★☆☆☆☆

图 1-1　2013 年排名前 20 位的教育舆情事件

---

① 热度指数排名前 20 位的教育舆情事件是利用教育网络舆情事件热度指标体系，对各指标进行加权后得出的结果，计算方法详见本书附录。

二、师生安全最易引发教育舆情事件

在 2013 年发生的 846 起教育舆情事件中，师生安全类事件最多，共计 283 起，占比为 33.45%。其次是师生言行类事件，共计 208 起，占比为 24.59%。283 起师生安全类事件主要包括性侵犯、非正常伤亡、校园安全三种类型，分别涉及 117 起、108 起、58 起事件，占比分别为 41.34%、38.16%、20.49%（图 1-2）。

图 1-2　**2013 年教育舆情事件的类型分布**

1. 性侵犯事件最受关注，在师生安全类教育舆情事件中占比接近五成，而且未成年群体被性侵犯事件居多，该类事件频频成为媒体及社会舆论关注的焦点

舆论对性侵犯问题的关注度，体现了公众对此类事件的"零容忍"态度。2013 年发生的 117 起性侵犯事件中，涉案人多为社会人员和学校老师，涉及事件分别为 45 起和 43 起，占比分别为 38.46% 和 36.75%（图 1-3）。在社会人员涉案的事件中，涉案人包括邻居、网友、保安人员等。

而以教师为主要涉案群体的事件，其显著特点是同一事件的受害者人数多、作案时间长、校园为主要作案地点，并且由于教师与学生关系特殊，使得校园性侵案难以被及时发现。如河南桐柏一 56 岁教师性侵十多名小学女生，深圳一小学老师借讲台掩护长期猥亵 4 名一年级学生等。

　　教师性侵学生事件的发生，一方面说明学校在教育管理上存在问题，另一方面说明我国在预防儿童性侵害教育上存在缺陷。应当在进一步加强学校和教师队伍管理的同时，切实加强预防儿童性侵害教育，维护未成年学生的权益。校园如何筑起"安全岛"，如何防止性侵害魔爪伤害未成年人，已成为迫在眉睫、亟待解决的问题。

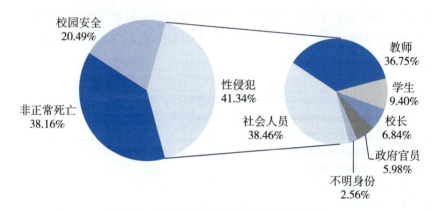

校园安全 20.49%
性侵犯 41.34%
非正常死亡 38.16%
社会人员 38.46%
教师 36.75%
学生 9.40%
校长 6.84%
政府官员 5.98%
不明身份 2.56%

图 1-3　2013 年师生安全类事件的类型分布

　　2. 108 起非正常伤亡舆情事件主要包括自杀、意外事故、故意伤害、交通事故等

　　在 108 起事件中，学生自杀类事件有 32 起，占比高达 29.63%（图 1-4）。其中初中生 14 起，高中生 11 起，大学生 6 起，小学生 1 起。自杀事件的发生多是因为成绩压力、排名压力、家长压力（期望值过高）、老师（督促）压力等。例如：四川成都师范附属小学五年级某班 10 岁男孩从 30 层高的楼上跳下；重庆一高三女生考试时用手机被没收，不堪压力跳楼致瘫；呼和浩特市某中学一男生因考试排名下滑跳楼身亡；广东江门一小学五年级学生因被怀疑偷窃而跳楼；泸州一大学男生自杀……

　　学生正处于生长发育的关键时期，思维也处在不断变动阶段，急需他人的认可与尊重。与此同时，他们又缺乏把握自我的能力，自制力相对薄弱。在这种情况下，面对升学压力、社会压力、家庭和同学间的压力，他们很容易产生心理上的挫败感。

对预防青少年自杀问题，各方人士已呼吁多年，但令人扼腕的事却时有发生。这从一个侧面反映出防止青少年自杀的制度和机制建设急需加强，全社会应携起手来，形成合力，共同努力减少类似悲剧的发生。

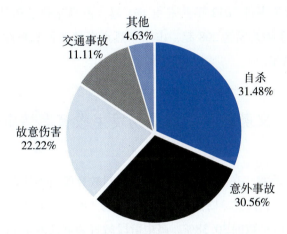

图 1-4　**2013 年非正常伤亡事件的类型分布**

对比 2013 年与 2012 年热点教育舆情事件的类型可知，师生安全类和师生言行类事件连续两年受到关注（图 1-5）。在两个年度的师生安全类事件中，食品安全、性侵犯、故意伤害、交通事故、自杀等事件相对突

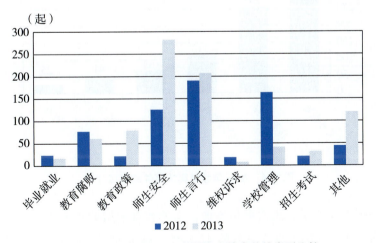

图 1-5　**2013 年与 2012 年教育舆情事件的类型比较**

出；在师生言行类事件中，体罚、虐待学生事件居多。2012 年师生安全类事件共发生 126 起，占当年热点舆情事件总数的 18.40%；2013 年共发生 283 起，占当年热点舆情事件总数的 33.45%，较 2012 年上升 15 个百分点。师生言行类事件 2012 年共发生 191 起，占当年热点舆情事件总数的 27.92%；2013 年共发生 208 起，占当年热点舆情事件总数的 24.59%，与 2012 年基本持平。

三、义务教育领域最易发生教育舆情事件

如图 1-6 所示，在 2013 年发生的 846 起教育舆情事件中，义务教育领域舆情事件最多，高达 342 起，占总数的 40.43%。其次是高等教育领域，发生 257 起，占总数的 30.38%。高中阶段教育领域共发生 113 起。学前教育和职业教育领域发生的事件相对较少。

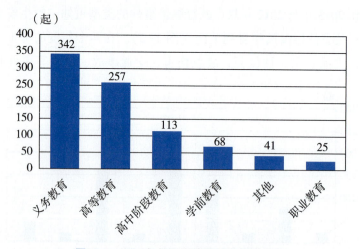

（起）

图 1-6 2013 年教育舆情事件的领域分布

如图 1-7 所示，正面舆情方面，义务教育领域的正面舆情事件有 42 起，占全年正面舆情事件总数的 42.86%。高等教育和高中阶段教育领域分别有 29 起、14 起，占比分别为 29.59%、14.29%。职业教育领域由于

年度舆情事件较少，正面舆情事件也不多。

负面舆情方面，义务教育领域共发生负面舆情事件 259 起，占全年负面舆情事件总数的 42.74%。高等教育、高中阶段教育、学前教育领域分别发生 160 起、79 起、58 起，占比分别为 26.40%、13.04%、9.57%。职业教育领域共发生 23 起，占比最低，仅为 3.80%。

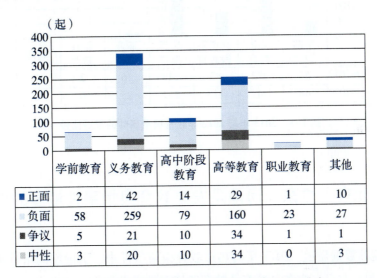

（起）	学前教育	义务教育	高中阶段教育	高等教育	职业教育	其他
■ 正面	2	42	14	29	1	10
负面	58	259	79	160	23	27
争议	5	21	10	34	1	1
中性	3	20	10	34	0	3

图 1-7 **2013 年各领域教育舆情事件的情感倾向分布**

对比 2013 年与 2012 年的教育舆情事件领域分布情况可以发现，义务教育连续两年最受关注。2012 年，教师体罚学生、乱收费、择校等问题多次引发舆论高潮，使义务教育成为当年备受关注的领域。在 2013 年 846 起影响较大的热点事件中，发生在义务教育领域的事件占总数的 40.43%，与 2012 年的 39.77% 基本持平。由于既包括诸如小学生减负十条的出台、神舟十号太空授课等振奋人心的正面舆情事件，也包括湖北老河口学生踩踏事故、河南桐柏一 56 岁教师性侵十多名小学女生等负面舆情事件，义务教育领域再次成为 2013 年最受关注的热点领域。高等教育仅次于义务教育，成为舆情事件比较集中的领域，2013 年发生在高等教育领域的事件占总数的 30.38%，较 2012 年的 35.53% 有所回落（图 1-8）。

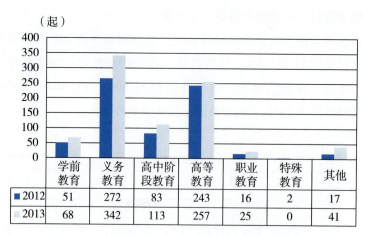

（起）

	学前教育	义务教育	高中阶段教育	高等教育	职业教育	特殊教育	其他
2012	51	272	83	243	16	2	17
2013	68	342	113	257	25	0	41

图 1-8　2013 年与 2012 年教育舆情事件的领域比较

四、北京、广东、河南是发生教育舆情事件最多的地区

　　监测数据显示，2013 年的热点教育舆情事件中，全国性的事件最多，有 91 起。北京、广东、河南是教育舆情事件高发省份，分别有 89 起、68 起、60 起（表 1-1）。清华女生铊中毒案 19 年未破、深圳一小学老师借讲台掩护长期猥亵 4 名一年级学生、河南桐柏一 56 岁教师性侵十多名小学女生等案件，均引起了社会各界的广泛关注。而北京、广东、湖北则是舆情热度最高的三个省份，虽然河南发生的舆情事件较多，但由于湖北老河口学生踩踏事故、罗田县数百教师罢课等事件引发媒体的广泛传播和网民的广泛议论，因而湖北的热度指数超过了河南。2013 年发生在国外的留学生事件有 14 起，发生在我国港澳台地区的事件有 17 起。

表 1-1　教育舆情事件热度指数排名前 10 位的省份及代表性事件

排名	省份	事件数	热度指数①	代表性事件
1	北京	89	171.94	* 清华女生铊中毒案 19 年未破 * 教育部拟规定小学生不留书面作业取消百分制 * 神舟十号太空授课
2	广东	68	87.19	* 深圳一小学老师借讲台掩护长期猥亵 4 名一年级学生 * 英德一幼儿被困校车闷死
3	湖北	48	78.79	* 老河口学生踩踏事故 * 教师性侵 8 名女生致 1 人怀孕已被刑拘
4	河南	60	68.18	* 桐柏一 56 岁教师性侵十多名小学女生 * 留守幼儿校车内闷死
5	浙江	38	66.27	* 温州乐清一副校长猥亵女生被判刑 14 个月 * 取消中小学省级"三好学生"评选
6	安徽	38	49.83	* 潜山一小学校长猥亵多名女生 10 余年 * 花甲老教师猥亵 6 名小学生
7	湖南	33	41.15	* 嘉禾一名小学老师猥亵多名女生 * 靖州一小学老师猥亵 8 名女童近 3 年
8	陕西	34	41.03	* 女童在幼儿园摔倒 3 次后死亡 * 60 岁幼儿园园长涉嫌猥亵近百名女童
9	四川	34	37.87	* 成都 10 岁小学生跳楼自杀 * 留守少年强奸 6 岁女童，称想被枪毙以远离父母
10	江苏	42	35.37	* 15 岁女生遭官员骗上车性侵 * 南京溧水一名 13 岁男孩疑因作业未完成上吊自杀

（一）近半数教育舆情事件发生在东部

除全国性事件、发生在港澳台地区的事件以及发生在国外的留学生事

---

① 热度指数由各省份教育舆情事件的热度指数相加得出。

件外，2013 年教育舆情事件的发生地主要集中在东部地区，事件数高达 342 起，占比为 48.31%（图 1-9）。中部地区次之，事件数为 222 起，占比为 31.36%。西部地区事件数为 144 起，占比为 20.34%。这可能与东部地区经济发展水平较高、群众的维权意识相对较强，同时网络覆盖率较高、传媒业很发达有关。东部地区事件的曝光率比较高，事件一旦发生往往逃不过网友和媒体的围追堵截。中部地区事件引发的舆论浪潮势头较大，事件比较典型，能够吸引广泛且持久的关注。西部地区经济社会整体发展水平不高，传媒业不及东部地区发达，因而事件的曝光率略低。

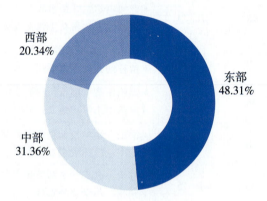

图 1-9   2013 年教育舆情事件的区域分布

2013 年，东、中、西部地区教育舆情事件均突出集中在师生安全、师生言行方面。师生安全类事件东部地区高达 110 起，中部地区达 88 起，西部地区的各类舆情事件整体较少，但师生安全类事件占比近五成，共发生 56 起（图 1-10）。东部地区师生言行类事件有 92 起，中部地区有 56 起，西部地区有 51 起。因此，对于以上两类事件，各地区应普遍予以重视，并采取相应措施加以防范。

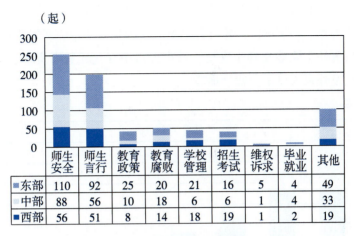

（起）	师生 安全	师生 言行	教育 政策	教育 腐败	学校 管理	招生 考试	维权 诉求	毕业 就业	其他
东部	110	92	25	20	21	16	5	4	49
中部	88	56	10	18	6	6	1	4	33
西部	56	51	8	14	18	19	1	2	19

图 1-10 **2013 年各类型教育舆情事件的区域分布**

（二）城市发生的教育舆情事件多于农村

除发生在我国港澳台地区以及国外的 31 起事件外，发生在我国内地的事件共计 815 起。其中，发生在城市的事件最多，共计 421 起，占比为 51.66%，农村共发生 251 起，占比为 30.80%（图 1-11）。

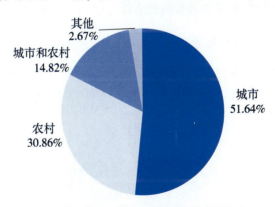

其他 2.67%
城市和农村 14.82%
城市 51.64%
农村 30.86%

图 1-11 **2013 年教育舆情事件的地域分布**

如图 1-12 所示，2013 年发生在城市的教育舆情事件类型主要有师生安全、师生言行、教育腐败、学校管理、招生考试等。农村地区的教育舆情事件突出体现在师生安全、师生言行、教育腐败、教育政策、学校管理方面。发生在农村地区的教育舆情事件主要涉及教育投入低、校舍缺乏、教育设施不足、师资队伍人才流失严重以及师生安全等；而发生在城市的教育舆情事件主要涉及师生安全，城市人口争夺优质教育资源，上学难、升学难以及外来人口子女就学难等。

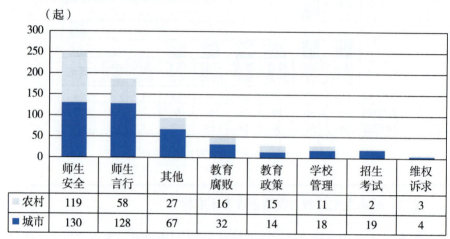

（起）

	师生安全	师生言行	其他	教育腐败	教育政策	学校管理	招生考试	维权诉求
农村	119	58	27	16	15	11	2	3
城市	130	128	67	32	14	18	19	4

图 1-12　**2013 年各类型教育舆情事件的地域分布**

（三）学校最容易发生教育舆情事件

2013 年教育舆情事件多发生在学校，占比为 69.15%；其次是社会，占比为 26.12%（图 1-13）。诸如复旦大学投毒案、北京舞蹈老师疯狂殴

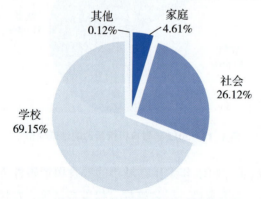

图 1-13　**2013 年教育舆情事件的场所分布**

打辱骂学生、学生上课接话茬遭老师暴打至尿血、河北廊坊数百名学生抗议食堂菜价高掀翻桌椅等备受关注的事件均发生在学校。

从图 1-14 可以看出，学校发生的教育舆情事件类型主要有师生安全、师生言行、教育政策、教育腐败、学校管理、招生考试、维权诉求、毕业就业等。其中师生安全类事件占比最高，共有 171 起，性侵犯、非正常伤亡、校园安全为师生安全类事件多发类型，分别有 64 起、55 起、52 起。校园性侵犯事件中，教师侵犯学生事件居多，如湖南嘉禾一名小学老师猥亵多名女生、陕西 60 岁幼儿园园长涉嫌猥亵近百名女童、深圳一小学老师借讲台掩护长期猥亵 4 名一年级小学生等。受害人涉及幼儿园儿童、小学生、中学生等。校园安全类事件中，食品安全、校车安全为主要事件类型，如河南留守幼儿校车内闷死、温州小学学生集体食物中毒等。

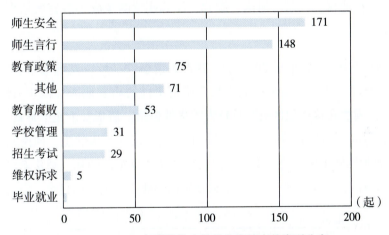

图 1-14　2013 年学校发生的教育舆情事件类型分布

与学校发生的教育舆情事件相比，社会发生的教育舆情事件类型主要有师生安全、师生言行、毕业就业、教育腐败、维权诉求、招生考试等，其中师生安全类事件仍然位居首位（图 1-15）。

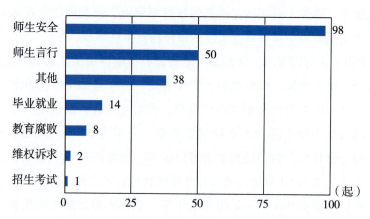

图 1-15　2013 年社会发生的教育舆情事件类型分布

（四）北京、广东、河南、湖北、江苏连续两年成为教育舆情事件高发地区

通过对比 2012 年与 2013 年的教育舆情事件，可以发现北京、广东、河南、湖北、江苏连续两年成为教育舆情事件的高发地区（图 1-16、图 1-17）。发生在这些地区的影响较大的事件包括：清华女生铊中毒案 19 年未破，深圳一小学老师借讲台掩护长期猥亵 4 名一年级学生，河南桐柏一 56 岁教师性侵十多名小学女生，河南留守幼儿校车内闷死，湖北老河口学生踩踏事故，南京溧水一名 13 岁男孩疑因作业未完成上吊自杀，等等。

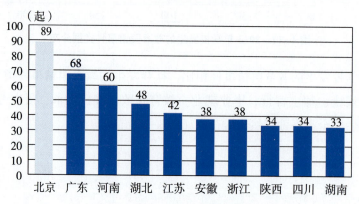

图 1-16　2013 年教育舆情事件数量排名前 10 位的地区

图 1-17 2012 年教育舆情事件数量排名前 10 位的地区

五、负面舆情事件占七成

情感分析是指对给定文本的感情色彩进行分析、归纳，即判断一句话或者一个文本中观点持有者对某个事件或事物所持的正向、负向或中立的态度。对网络舆情进行情感分析，能够挖掘出网民对某个社会事件的态度，也可以预测事件的发展态势，还能够提高信息过滤的准确度。

如图 1-18 所示，本报告将 2013 年网民对教育舆情事件的情感倾向分

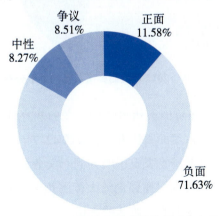

图 1-18 2013 年教育舆情事件的情感倾向分布

为正面、负面、中性和争议四种。2013 年大部分教育舆情事件都是负面事件。负面事件共有 606 起，占比为 71.63%；正面事件有 98 起，占比为 11.58%；中性事件有 70 起，占比为 8.27%；争议事件有 72 起，占比为 8.51%。

2013 年教育舆情多由负面事件引发。如图 1-19 所示，在负面舆情事件中，师生安全类事件共发生 267 起，占比最高，达 44.06%，如影响较大的浙江温州乐清一副校长猥亵女生被判刑 14 个月、云南陆良县曝陆良小学一教师强奸学生已被提起公诉等。师生言行类事件次之，共发生 158 起，占比为 26.07%，如彝良校长葬母礼炮爆炸致 1 死 5 伤、江西数十中学生集体操场罚跪等。教育腐败类事件位居第三，共发生 58 起，占比为 9.57%，其中备受关注的事件有：老师曝超半数学生家长给老师送礼，"祝福"成"助腐"；上海理工大学原校长受贿百万被判 11 年；等等。

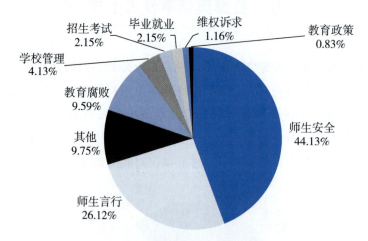

图 1-19　2013 年负面舆情事件的类型分布

如图 1-20 所示，在负面舆情事件中，义务教育领域发生的事件数居于首位，共有 259 起，占负面舆情事件总数的 42.74%。义务教育领域负面事件占比超过四成，在某种意义上说明人们对义务教育领域改革的呼声很高，一起寻常的事件都可以引发舆论的大范围热议、联想，各种质疑、猜测和参与冲动的背后，是对教育改革的关切。

其次是高等教育领域，该领域发生的负面舆情事件数占负面舆情事件总数的 26.40%。近年来高校舆情事件频发，从学术腐败、伤害同窗到招生问题等，新媒体的传播让这些高校负面事件成为焦点。而在应对负面舆论时，有相当一部分高校选择了沉默，这种做法将会贻误最佳应对时机，影响事态向有利方向发展。

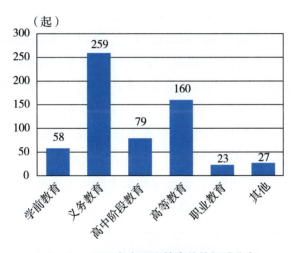

图 1-20　2013 年负面舆情事件的领域分布

在正面舆情事件中，教育政策类事件共有 57 起，占比最高，达58.16%（图 1-21）。2013 年，从义务教育到高等教育，从学生到教师、

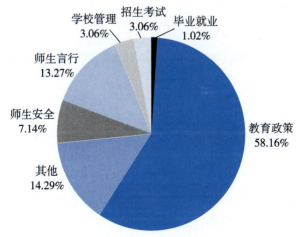

图 1-21　2013 年正面舆情事件的类型分布

校长，从招生考试到日常学习，都有相应的改革，如小学生减负十条、各地出台异地高考政策、英语四六级改革、2014年起研究生取消公费、进一步提高重点高校招收农村学生比例等。这些政策改革涉及各大省份，涵盖小升初、中考、高考、考研等一系列重大考试，体现了党中央对教育工作的高度重视，为推进教育改革发展、努力办好人民满意的教育指明了方向。

图1-22显示，从舆情事件的性质来看，2013年负面舆情事件共有606起，较2012年的413起有所增加。负面教育舆情事件对我国教育事业的持续发展、民众对教育体系的信任度等方面产生了消极影响，相关教育部门和事件主体学校应不断反思问题、寻找对策。此外，2013年正面教育舆情事件共有99起，较2012年的67起有了较大增长。教育部门针对现存问题，积极推行各种教育领域的改革（如小学生减负十条、进一步提高重点高校招收农村学生比例等），在一定程度上缓解了负面舆情造成的压力，有利于我国教育事业的长远发展。

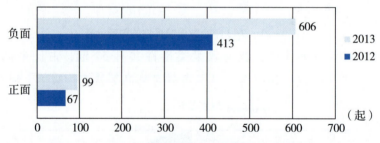

图1-22 **2013年与2012年教育舆情事件的情感倾向比较**

六、学生是最易引发教育舆情事件的主体

图1-23显示，2013年受到网民广泛关注的846起教育舆情事件中，媒体报道时主体为学生的事件最多，占比为32.67%。其次为教师，占比为16.63%。再次为学校，占比为14.87%。

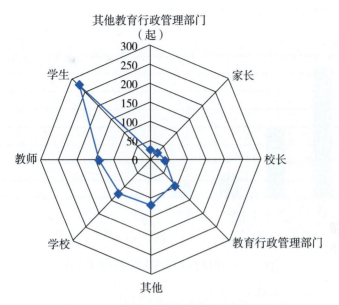

图 1-23　2013 年教育舆情事件的主体分布

在以学生为主体的 276 起舆情事件中，师生安全、师生言行、毕业就业为主要的舆情事件类型，分别有 114 起、113 起、9 起，占比分别为 41.30%、40.94%、3.26%（图 1-24）。

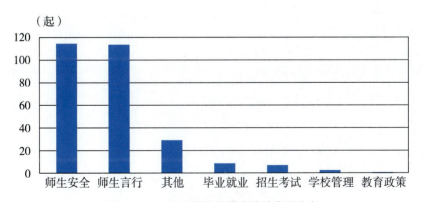

图 1-24　2013 年学生舆情事件的类型分布

在以教师为主体的 114 起舆情事件中，师生安全、师生言行、教育腐败为主要的舆情事件类型，分别有 73 起、39 起、14 起，占比分别为

64.04%、34.21%、12.28%（图1-25）。

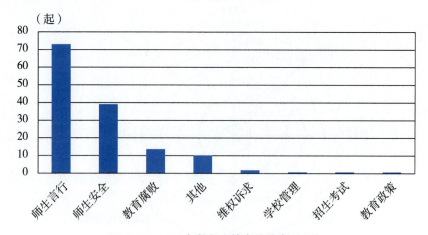

图1-25 2013年教师舆情事件的类型分布

第二章

2013 年各级各类教育网络舆情分析

2013 年的 846 起教育网络舆情事件中，学前教育、义务教育、高中阶段教育、职业教育、高等教育五个领域发生的教育舆情事件共计 805 起。其余 41 起为跨领域或者未知领域事件。本章仅对学前教育、义务教育、高中阶段教育、职业教育、高等教育五个领域发生的 805 起事件进行分析。

一、各级各类教育网络舆情概览

从图 2-1 可以看出，2013 年发生在义务教育领域的舆情事件最多，达 342 起，占比为 42.48%。

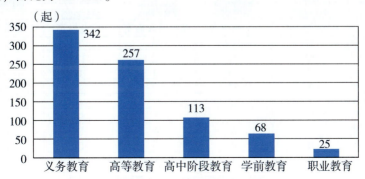

图 2-1　2013 年各领域教育舆情事件数量

2013 年发生的教育舆情事件数量较 2012 年多出 140 起。从图 2-2 可以看出，2012 年和 2013 年，发生在义务教育领域的事件都是最多的，其次是高等教育领域，而发生在职业教育领域的事件都是最少的。各领域 2013 年发生的事件数量都比 2012 年多。

（起）	学前教育	义务教育	高中阶段教育	职业教育	高等教育
2012	51	272	83	16	243
2013	68	342	113	25	257

图 2-2　**2012 年与 2013 年各领域教育舆情事件的数量比较**

从图 2-3 可以看出，2013 年师生言行、教育腐败、招生考试和毕业就

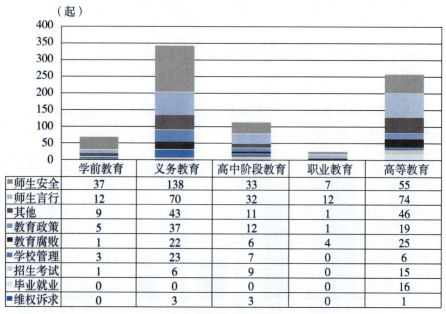

（起）	学前教育	义务教育	高中阶段教育	职业教育	高等教育
师生安全	37	138	33	7	55
师生言行	12	70	32	12	74
其他	9	43	11	1	46
教育政策	5	37	12	1	19
教育腐败	1	22	6	4	25
学校管理	3	23	7	0	6
招生考试	1	6	9	0	15
毕业就业	0	0	0	0	16
维权诉求	0	3	3	0	1

图 2-3　**2013 年各领域教育舆情事件的类型分布**

业四个类型的事件中，发生在高等教育领域的事件数量多于义务教育领域。而维权诉求、学校管理、教育政策、师生安全四个类型的事件中，发生在义务教育领域的事件都是最多的。

从图2-4可以看出，2012年和2013年，师生安全类和师生言行类事件在每个领域都较多。2013年发生在义务教育领域和高等教育领域的学校管理类事件少于2012年。

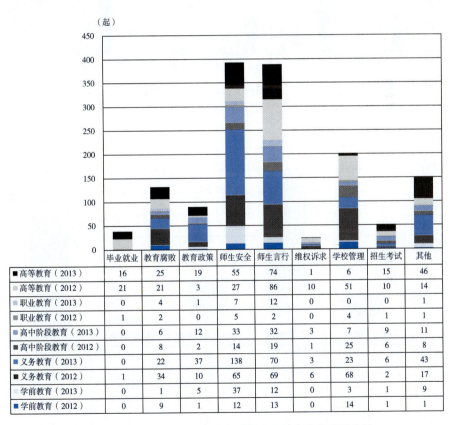

	毕业就业	教育腐败	教育政策	师生安全	师生言行	维权诉求	学校管理	招生考试	其他
■高等教育（2013）	16	25	19	55	74	1	6	15	46
▨高等教育（2012）	21	21	3	27	86	10	51	10	14
▨职业教育（2013）	0	4	1	7	12	0	0	1	1
▨职业教育（2012）	1	2	0	5	2	0	4	1	1
▨高中阶段教育（2013）	0	6	12	33	32	3	7	9	11
■高中阶段教育（2012）	0	8	2	14	19	1	25	6	8
■义务教育（2013）	0	22	37	138	70	3	23	6	43
■义务教育（2012）	1	34	10	65	69	6	68	2	17
▨学前教育（2013）	0	1	5	37	12	0	3	1	9
■学前教育（2012）	0	9	1	12	13	0	14	1	1

图2-4　2012年与2013年各领域教育舆情事件的类型比较

从图2-5可以看出，各领域的负面舆情事件都是最多的。其中，义务教育领域的负面事件最多，达259起。

从图2-6可以看出，各领域发生在学校的事件都是最多的。义务教育领域发生在学校和家庭的事件数量明显多于其他领域。高等教育领域发生在社会上的事件数量多于其他领域。

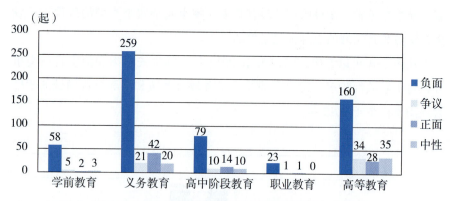

图 2-5 **2013 年各领域教育舆情事件的情感倾向分布**

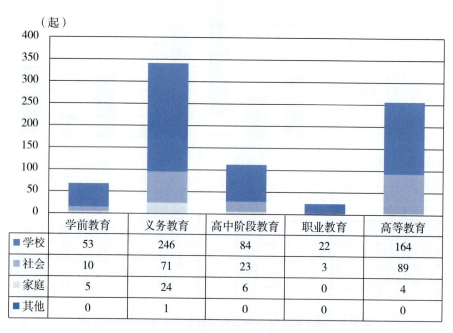

图 2-6 **2013 年各领域教育舆情事件的场所分布**

除去发生在我国港澳台地区的事件、全国性事件以及发生在国外的留学生事件外，2013 年发生在学前教育、义务教育、高中阶段教育、职业教育、高等教育五个领域的热点事件共计 680 起。从图 2-7 可以看出，这些

事件多发生在东部地区，达 328 起，占比为 48.24%。中部地区次之，达
215 起，占比为 31.62%。西部地区事件数量最少，达 137 起，占比
为 20.15%。

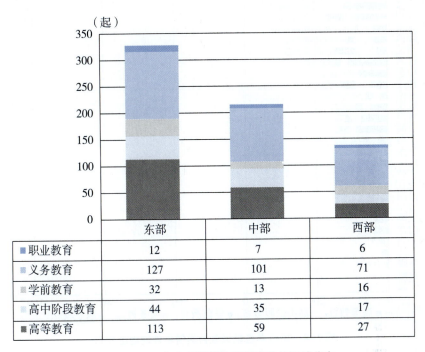

	东部	中部	西部
■职业教育	12	7	6
▨义务教育	127	101	71
▨学前教育	32	13	16
▨高中阶段教育	44	35	17
■高等教育	113	59	27

图 2-7　**2013 年各领域教育舆情事件的区域分布**

　　从图 2-8 可以看出，北京、广东、河南是教育舆情事件的高发省份。
在北京，发生在高等教育领域的事件比其他领域多，达 42 起。在广东，发
生在义务教育领域的事件比其他领域多，达 30 起。在河南，发生在义务教
育领域的事件比其他领域多，达 25 起。

　　从图 2-9 可以看出，发生在我国内地的 775 起舆情事件中，除了义务
教育和学前教育领域发生在农村的事件多于城市外，其他各领域发生在城
市的舆情事件都是最多的。

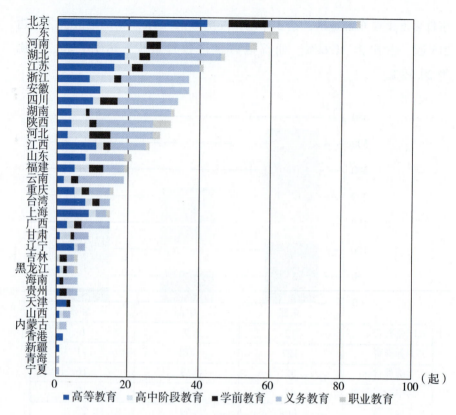

图 2-8　2013 年各领域教育舆情事件的地区分布

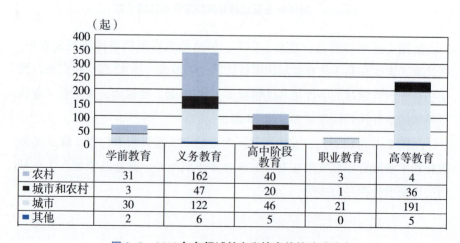

	学前教育	义务教育	高中阶段教育	职业教育	高等教育
农村	31	162	40	3	4
城市和农村	3	47	20	1	36
城市	30	122	46	21	191
其他	2	6	5	0	5

图 2-9　2013 年各领域教育舆情事件的地域分布

二、学前教育网络舆情分析

2013年发生在我国学前教育领域的事件共计68起。其中，超过一半的事件都是师生安全类事件，达37起，占比为54.41%。85.29%的事件都是负面事件，共计58起，其中师生安全类负面事件最多，有37起。大部分事件都发生在学校（学前教育机构），共计53起，占比为77.94%。媒体报道时的主体大部分是学校（学前教育机构），共计19起，占比为27.94%。发生舆情事件最多的省份是北京，有11起，占比为16.18%。68起事件中，发生在内地的事件共计66起，发生在城市和农村的事件各占一半。

（一）排名前10位的教育舆情事件

以下是2013年学前教育领域排名前10位的教育舆情事件（表2-1）。

表2-1　2013年学前教育领域排名前10位的教育舆情事件

排名	事件	事件类型	热度指数
1	河北平山幼儿园为抢生源给酸奶下毒致2女童死亡	师生言行	8.99
2	女童在陕西某幼儿园摔倒3次后死亡	师生安全	7.94
3	虐童事件暴学前教育短板，投入占教育经费比例过低	教育政策	6.42
4	中央财政160.3亿元支持学前教育着力解决"入园难"	教育政策	6.08
5	女子猥亵4岁男童将其"小弟弟"亲红肿	师生安全	4.88
6	河南留守幼儿校车内闷死	师生安全	4.39
7	60岁幼儿园园长涉嫌猥亵近百名女童	师生安全	4.38
8	贵州5名男童在烤烟房内窒息身亡	师生安全	4.23
9	6岁女童遇车祸致残，母亲拿走赔偿款后弃女离去	其他	3.93

续表

排名	事件	事件类型	热度指数
10	重庆男子猥亵女童被误传为河南人拐卖，大量民众聚集	师生安全	3.27

从表2-1可以看出，学前教育领域排名前10位的事件中，超过一半的事件属于师生安全类型，达6起。其中，有3起是性侵犯事件，2起是非正常伤亡事件，1起是校园安全事件。

（二）超过一半的事件是师生安全类事件

从图2-10可以看出，2013年学前教育领域舆情事件中，师生安全类事件最多，共计37起，占比为54.41%。其次是师生言行类和教育政策类事件，分别有12起和5起。师生安全类事件中，性侵犯事件最多，达14起，占比为37.84%。性侵犯事件中，有6起发生在校内，8起发生在校外。学生被校长、教师侵犯的事件各有3起，如陕西高陵县榆楚镇育英幼儿园60岁园长马某猥亵多名女童，河北省廊坊市"1+1"幼儿园"园长"杨成杰奸淫5名、猥亵7名该园幼女等。幼儿性侵案频发，让人们在痛心之余，也不得不思考实施幼儿性保护教育的必要性。

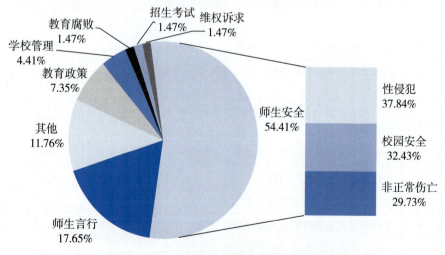

图2-10 2013年学前教育领域舆情事件的类型分布

（三）负面事件占八成

从图 2-11 可以看出，2013 年学前教育领域的舆情事件大部分都是负面的，负面事件共计 58 起，占比为 85.29%。其中，师生安全类负面事件最多，有 37 起，如女童在陕西某幼儿园摔倒 3 次后死亡、女子猥亵 4 岁男童将其"小弟弟"亲红肿、河南留守幼儿校车内闷死等。仅教育政策类型有 1 起正面事件，即中央财政 160.3 亿元支持学前教育着力解决"入园难"。

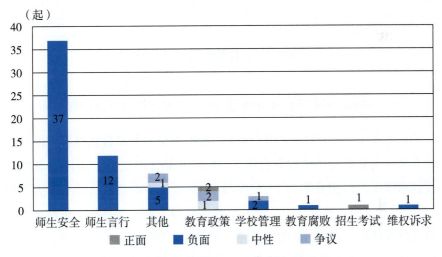

图 2-11　**2013 年学前教育领域舆情事件的情感倾向分布**

（四）近八成事件发生在学校（学前教育机构）

从图 2-12 可以看出，2013 年学前教育领域舆情事件大部分发生在学校（学前教育机构），共计 53 起，占比为 77.94%。发生在家庭的事件最少，只有 5 起。发生在学校（学前教育机构）的事件主要有：河北平山幼儿园为抢生源给酸奶下毒致 2 女童死亡；女童在陕西某幼儿园摔倒 3 次后死亡；虐童事件暴学前教育短板，投入占教育经费比例过低；等等。发生在学校（学前教育机构）的事件中，师生安全类和师生言行类事件较多。

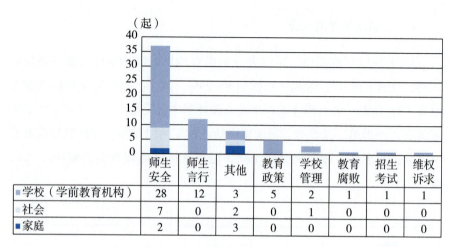

（起）

	师生安全	师生言行	其他	教育政策	学校管理	教育腐败	招生考试	维权诉求
■学校（学前教育机构）	28	12	3	5	2	1	1	1
■社会	7	0	2	0	1	0	0	0
■家庭	2	0	3	0	0	0	0	0

图 2-12　2013 年学前教育领域舆情事件的场所分布

（五）超过两成的事件媒体报道时的主体是学校（学前教育机构）

从图 2-13 可以看出，2013 年学前教育领域舆情事件媒体报道时的主体大部分是学校（学前教育机构），共计 19 起，占比为 27.94%。其次是教师和学生，占比分别为 17.65% 和 16.18%。媒体报道时的主体为学校（学前教育机构）的事件中，近一半事件是师生安全类事件，包括 6 起校园安全事件和 3 起非正常伤亡事件。校园安全事件多为校车事件，非正常伤亡事件多为儿童意外死亡事件。这些事件暴露出我国学前教育领域教育行政管理方面的缺失。虽然政府加大了对学前教育的投入，但资源仍然短缺，目前还存在相当数量的不合格幼儿园。在北京，2010 年的统计①显示，有 1290 余家未登记注册的自办园，这些被称为"山寨""黑园"的幼儿园，为北京的一半幼儿提供学前教育。由于办园不规范以及缺乏有效的监督和管理机制，校车事故、虐童事件等频发。政府应进一步加大对学前教育的经费投入，相关部门也应高度重视学前教育管理，防止恶性事件发生。

---

① 参见：幼儿园"黑"变"白"须防误区 [EB/OL]．（2010 - 11 - 16）．http：//www.bjnews.com.cn/opinion/2010/11/16/83764.html.

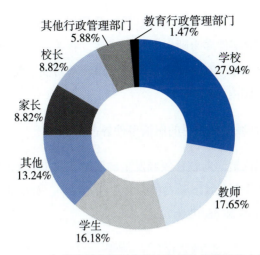

图 2-13 **2013年学前教育领域舆情事件媒体报道时的主体分布**

（六）事件发生最多的省份是北京

从图2-14可以看出，2013年发生学前教育领域舆情事件最多的省份

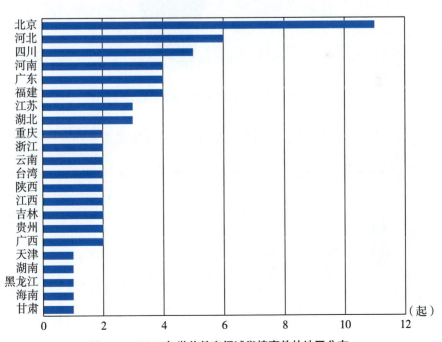

图 2-14 **2013年学前教育领域舆情事件的地区分布**

是北京，有 11 起，占比为 16.18%。其次是河北和四川，分别有 6 起和 5 起。发生在北京的事件多为师生安全类事件，有 3 起，分别是北京某幼儿园多名儿童食物中毒、农业部幼儿园禁止用转基因油、北京通州 5 岁男童在"三无"幼儿园内猝死。

（七）发生在城市和农村的舆情事件各占一半

2013 年我国内地学前教育领域发生的舆情事件共计 66 起。从图 2-15 可以看出，其中发生在城市和农村的事件各占一半，分别为 30 起和 31 起，占比分别为 45.45% 和 46.97%。

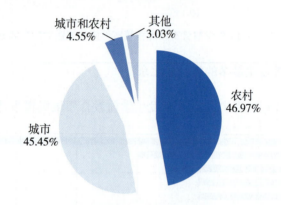

图 2-15 **2013 年学前教育领域舆情事件的地域分布**

从图 2-16 可以看出，从事件类型来看，师生安全类事件在城市和农

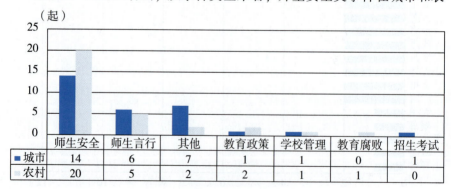

（起）	师生安全	师生言行	其他	教育政策	学校管理	教育腐败	招生考试
城市	14	6	7	1	1	0	1
农村	20	5	2	2	1	1	0

图 2-16 **2013 年学前教育领域各类型舆情事件的地域分布**

村都是最多的，分别为 14 起和 20 起。发生在农村的师生安全类、教育政策类和教育腐败类事件多于城市，而师生言行类和招生考试类事件则更多地发生在城市。

师生安全类事件中，发生在农村的非正常伤亡事件远多于城市，如女童在陕西某幼儿园摔倒 3 次后死亡、贵州 5 名男童在烤烟房内窒息身亡、浙江青田一幼儿园女童意外死亡等。

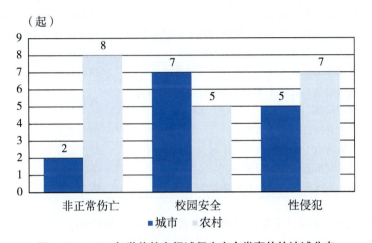

图 2-17　**2013 年学前教育领域师生安全类事件的地域分布**

三、义务教育网络舆情分析

2013 年发生在我国义务教育领域的事件共计 342 起。其中，近一半的事件都是师生安全类事件，达 138 起，占比为 40.35%。75.73% 的事件都是负面事件，共计 259 起，其中师生安全类负面事件最多，有 132 起。近 80% 的事件发生在学校，共计 246 起。媒体报道时的主体大部分是学生，共计 79 起，占比为 23.10%。发生舆情事件最多的省份是广东，有 30 起，占比为 8.77%。342 起事件中，发生在内地的事件共计 331 起，发生在农村的事件多于城市。

（一）排名前 10 位的教育舆情事件

以下是 2013 年义务教育领域排名前 10 位的教育舆情事件（表 2-2）。

表 2-2　2013 年义务教育领域排名前 10 位的教育舆情事件

排名	事件	事件类型	热度指数
1	海南 6 名小学女生被校长和政府人员带走开房	师生安全	77.94
2	神舟十号太空授课	其他	71.88
3	教育部拟规定小学生不留书面作业取消百分制	教育政策	21.39
4	我国农村留守儿童数量超过 6000 万	其他	17.35
5	教育部前发言人呼吁取消小学英语课	教育政策	15.50
6	老师曝超半数学生家长给老师送礼，"祝福"成"助腐"	教育腐败	14.22
7	湖北老河口学生踩踏事故	师生安全	10.73
8	安徽潜山一小学校长猥亵多名女生 10 余年	师生安全	10.18
9	湖北罗田县数百教师罢课	师生言行	8.57
10	浙江温州乐清一副校长猥亵女生	师生安全	7.96

由表 2-2 可知，义务教育领域排名前 10 位的事件中，近一半事件属于师生安全类型，达 4 起。其中，有 3 起是性侵犯事件，1 起是校园安全事件。

（二）近一半的事件是师生安全类事件

从图 2-18 可以看出，2013 年义务教育领域舆情事件中，师生安全类事件最多，共计 138 起，占比为 40.35%。其次是师生言行类和教育政策类事件，分别有 70 起和 37 起。师生安全类事件中，性侵犯事件最多，有 67 起，占比为 48.55%。学生被校长侵犯的事件有 9 起，被教师侵犯的事件有 30 起。如海南 6 名小学女生被校长和政府人员带走开房，安徽潜山一小学校长猥亵多名女生 10 余年，浙江温州乐清一副校长猥亵女生，江西瑞昌一六旬教师猥亵 7 名女童等。相关部门应高度重视中小学安全管理工作，特别重视中小学生的性安全教育和防范工作，切实加强学校安全管理工作，采取有效措施，加强学生安全教育，防止各类安全事故的发生。

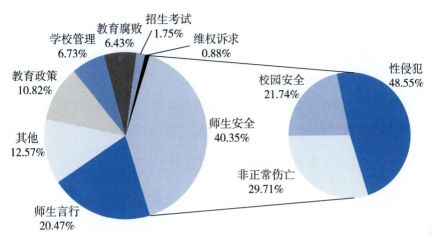

图 2-18　2013 年义务教育领域舆情事件的类型分布

（三）超过七成的事件是负面事件

从图 2-19 可以看出，2013 年义务教育领域舆情事件大部分是负面的，

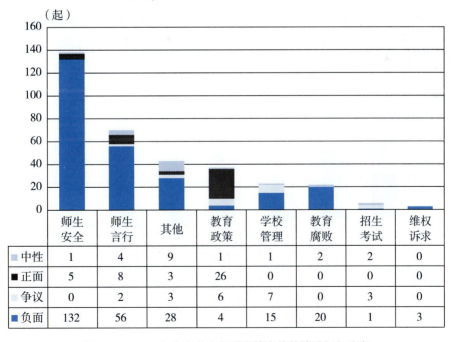

	师生安全	师生言行	其他	教育政策	学校管理	教育腐败	招生考试	维权诉求
中性	1	4	9	1	1	2	2	0
正面	5	8	3	26	0	0	0	0
争议	0	2	3	6	7	0	3	0
负面	132	56	28	4	15	20	1	3

图 2-19　2013 年义务教育领域舆情事件的情感倾向分布

负面事件共计 259 起，占比为 75.73%。其中，师生安全类负面事件最多，有 132 起，如海南 6 名小学女生被校长和政府人员带走开房、湖北老河口学生踩踏事故等。正面事件只涉及师生言行、教育政策和其他三种类型，分别有 8 起、3 起和 26 起。教育政策类正面事件有：教育部拟规定小学生不留书面作业取消百分制，全国中小学将配督学，教育部部长称义务教育 2020 年前不会延长等。

（四）近八成事件发生在学校

如图 2-20 所示，2013 年义务教育领域舆情事件大部分发生在学校，共计 246 起，占比为 71.93%。此外，发生在社会上的事件也较多，达 71 起。发生在家庭的事件较少。发生在学校的事件主要有：海南 6 名小学女生被校长和政府人员带走开房，教育部拟规定小学生不留书面作业取消百分制，教育部前发言人呼吁取消小学英语课等。发生在学校、社会、家庭的事件中，师生安全类和师生言行类事件都是最多的。学校本应是孩子们学习生活的主要场所，但是学生伤亡、被体罚、被性侵犯等事件时有发

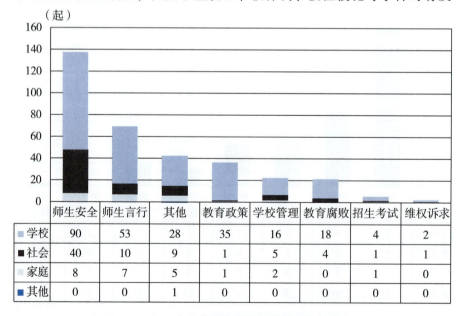

（起）	师生安全	师生言行	其他	教育政策	学校管理	教育腐败	招生考试	维权诉求
■学校	90	53	28	35	16	18	4	2
■社会	40	10	9	1	5	4	1	1
■家庭	8	7	5	1	2	0	1	0
■其他	0	0	1	0	0	0	0	0

图 2-20 2013 年义务教育领域舆情事件的场所分布

生，并呈现频发和高发态势。因此，加强学校安全管理工作应成为学校和教育部门的重要职责。

（五）近三成事件媒体报道时的主体是学生

从图 2-21 可以看出，2013 年义务教育领域舆情事件媒体报道时的主体首先是学生，占比为 23.10%。其次是教师和学校，占比分别为 21.05% 和 13.45%。

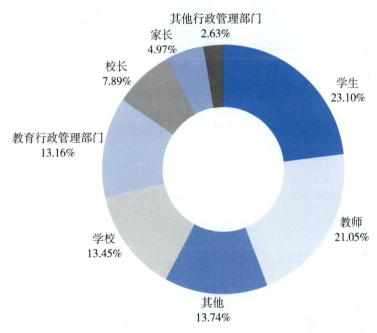

图 2-21　**2013 年义务教育领域舆情事件媒体报道时的主体分布**

（六）事件多发生在东部地区

除去发生在我国港澳台地区的事件、全国性事件以及发生在国外的留学生事件外，2013 年义务教育领域发生的热点舆情事件共计 299 起。从图 2-22 可以看出，这些事件多发生在东部地区，达 127 起，占比为 42.47%。中部地区次之，达 101 起，占比为 33.78%。西部地区事件数最少，达 71

起, 占比为 23.75%。

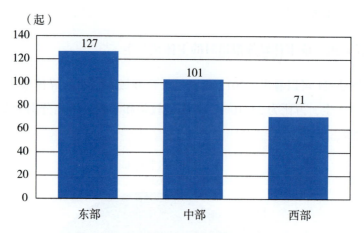

（起）

图 2-22　**2013 年义务教育领域舆情事件的区域分布**

从图 2-23 可以看出, 无论是东部、中部还是西部, 师生安全类和师生言行类事件都是最多的。

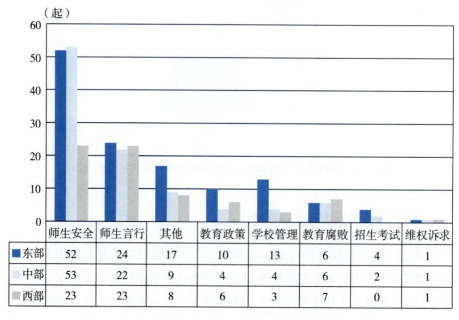

（起）

	师生安全	师生言行	其他	教育政策	学校管理	教育腐败	招生考试	维权诉求
东部	52	24	17	10	13	6	4	1
中部	53	22	9	4	4	6	2	1
西部	23	23	8	6	3	7	0	1

图 2-23　**2013 年义务教育领域各类型舆情事件的区域分布**

从图 2-24 可以看出，2013 年义务教育领域舆情事件大部分发生在广东，有 30 起，占比为 8.77%。其次是河南和北京，均为 25 起。发生在广东的事件多为师生安全类事件，有 14 起，如广东雷州小学校长涉嫌强奸两女生、广州原民政局处长李军猥亵 3 名男童、广州东莞一初二学生跑完800 米猝死等。

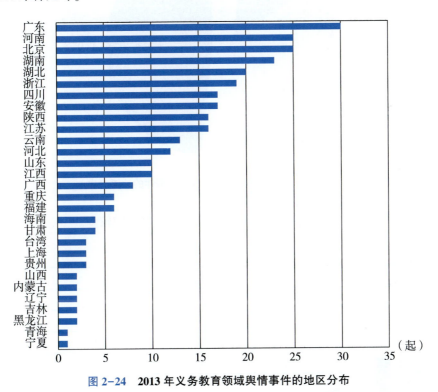

图 2-24 **2013 年义务教育领域舆情事件的地区分布**

（七）发生在农村的舆情事件多于城市

从图 2-25 可以看出，2013 年我国内地义务教育领域舆情事件中，发生在农村的事件多于城市，发生在农村的事件有 162 起，发生在城市的事件有 122 起。

从图 2-26 可以看出，师生安全类和师生言行类事件在农村和城市都较多。发生在农村的教育政策类、教育腐败类和维权诉求类事件多于城

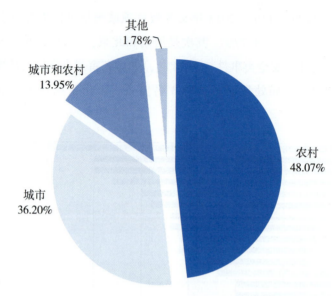

图 2-25　2013 年义务教育领域舆情事件的地域分布

市，而学校管理类和招生考试类事件则是发生在城市的较多。

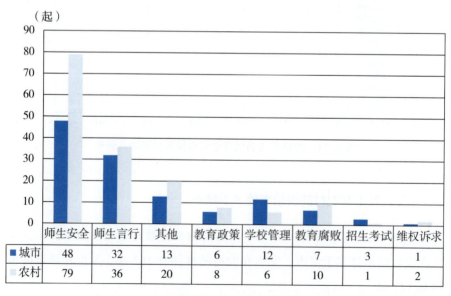

	师生安全	师生言行	其他	教育政策	学校管理	教育腐败	招生考试	维权诉求
城市	48	32	13	6	12	7	3	1
农村	79	36	20	8	6	10	1	2

图 2-26　2013 年义务教育领域各类型舆情事件的地域分布

图 2-27 显示，师生安全类事件中，发生在农村的性侵犯事件和校园安全事件远多于城市。如湖北老河口学生踩踏事故，安徽潜山一小学校长猥亵多名女生 10 余年，浙江温州乐清一副校长猥亵女生等。近年来，随着农村外出务工人员日益增多，农村留守儿童人数越来越多，留守儿童遭受性侵犯的案件一直呈高发态势，应引起相关部门的高度重视。

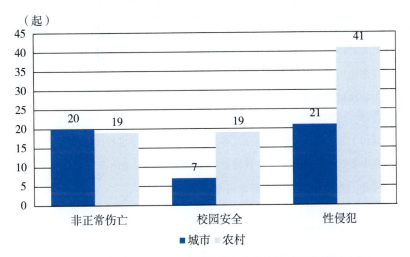

图 2-27　2013 年义务教育领域师生安全类舆情事件的地域分布

四、高中阶段教育网络舆情分析

2013 年发生在我国高中阶段教育领域的事件共计 113 起。其中，师生安全类事件最多，达 33 起，占比为 29.20%。大部分事件都是负面事件，负面事件共计 79 起，占比为 69.91%，其中师生安全类和师生言行类负面事件最多，分别为 31 起和 24 起。超过 70% 的事件发生在学校，共计 84 起。近一半事件媒体报道时的主体是学生，占比为 42.48%。发生舆情事件最多的省份是河南，有 14 起，占比为 12.39%。113 起事件中，发生在内地的事件共计 111 起，发生在城市的事件最多，有 46 起。

（一）排名前 10 位的教育舆情事件

以下是 2013 年高中阶段教育领域排名前 10 位的教育舆情事件（表 2-3）。

表 2-3　2013 年高中阶段教育领域排名前 10 位的教育舆情事件

排名	事件	事件类型	热度指数
1	教育部部长称不能取消高考但要改革	教育政策	20.97
2	江西临川高三学生杀害班主任	师生言行	9.01
3	吉林榆树市高考乱象：作弊器缝进卫生巾带入考场	招生考试	7.40
4	温州十五中暑假补课学生死亡事故	维权诉求	6.51
5	高中生吹泡泡被开除续：县教育局已撤除处分	师生言行	6.20
6	河北一高考女生大雨中赶赴考场跌入排水道死亡	师生安全	5.67
7	甘肃一中学老师用毕业证要挟女生亲吻	师生言行	5.60
8	山东高考取消听力被指助长"哑巴英语"	教育政策	5.54
9	温州乐清一名中学生坠楼致死	师生安全	5.31
10	江苏 15 岁女生遭官员骗上车性侵	师生安全	4.07

由表 2-3 可知，高中阶段教育领域排名前 10 位的事件中，师生言行类和师生安全类事件最多，各有 3 起。师生言行类事件中，有 2 起是学生言行事件；师生安全类事件中，有 2 起是非正常伤亡事件。

（二）超过三成的事件是师生安全类事件

图 2-28 显示，从总体上看，2013 年高中阶段教育领域舆情事件中，师生安全类事件最多，共计 33 起，占比为 29.20%。其次是师生言行类和教育政策类事件，分别有 32 起和 12 起。师生安全类事件中，非正常伤亡事件最多，达 16 起，占比为 48.48%，如河北一高考女生大雨中赶赴考场跌入排水道死亡等。高中生考试压力相对较大，相关部门和学校应该高度

重视学生的心理疏导工作，帮助他们塑造健全的人格。

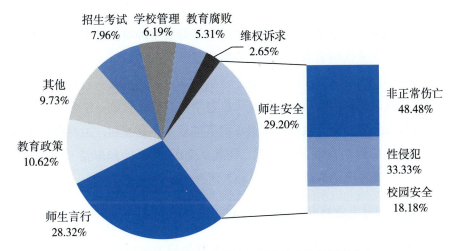

图 2-28　**2013 年高中阶段教育领域舆情事件的类型分布**

（三）近七成事件是负面事件

从图 2-29 可以看出，2013 年高中阶段教育领域舆情事件大部分是负

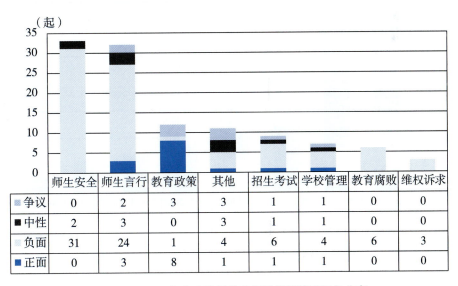

	师生安全	师生言行	教育政策	其他	招生考试	学校管理	教育腐败	维权诉求
争议	0	2	3	3	1	1	0	0
中性	2	3	0	3	1	1	0	0
负面	31	24	1	4	6	4	6	3
正面	0	3	8	1	1	1	0	0

图 2-29　**2013 年高中阶段教育领域舆情情感倾向分布**

面的，负面事件共计79起，占比为69.91%。其中，师生安全类和师生言行类负面事件最多，分别有31起和24起。师生安全类负面事件主要有：浙江温州乐清一名学生因被疑考试作弊与老师发生冲突，被老师推下楼坠楼致死；湖北武汉两名考生高考失利抑郁难解，跳楼吞钉一死一伤等。师生言行类事件主要有：江西抚州高三学生雷某杀害班主任，云南陆良两名高中生因在教学楼内吹泡泡和扔纸飞机被学校开除，甘肃一中学老师用毕业证要挟女生亲吻等。教育政策类正面事件最多，有8起，主要有：教育部部长称不能取消高考但要改革，江苏从2013年开始拟取消"小高考"加分，北京高考改革拟取消少数民族外所有加分等。

（四）超过七成的事件发生在学校

如图2-30所示，2013年高中阶段教育领域的舆情事件大部分发生在学校，共计84起，占比为74.34%。发生在学校的事件主要有：教育部部长称不能取消高考但要改革，江西抚州高三学生雷某杀害班主任，吉林榆树市高考有学生将作弊器缝进卫生巾带入考场等。发生在家庭的事件最

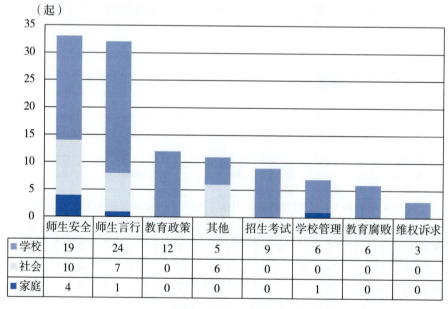

	师生安全	师生言行	教育政策	其他	招生考试	学校管理	教育腐败	维权诉求
学校	19	24	12	5	9	6	6	3
社会	10	7	0	6	0	0	0	0
家庭	4	1	0	0	0	1	0	0

图2-30　2013年高中阶段教育领域舆情事件的场所分布

少，只有6件。发生在学校的事件中，师生言行类事件最多，共计24起，其中有16起是学生言行事件。可见，加强校园文化建设，提高学生素质刻不容缓。

（五）近一半事件媒体报道时的主体是学生

从图2-31可以看出，2013年高中阶段教育领域舆情事件媒体报道时的主体主要是学生，占比为42.48%。其次是教育行政管理部门，占比为15.04%。

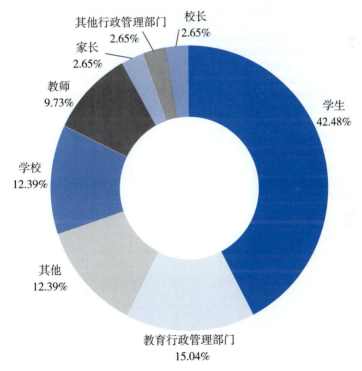

图2-31　**2013年高中阶段教育领域舆情事件媒体报道时的主体分布**

（六）事件发生最多的省份是河南

从图2-32可以看出，2013年高中阶段教育领域发生舆情事件最多的省份是河南，有14起，占比为12.39%。其次是广东和安徽，分别有12起和 8 起。发生在河南的事件多为师生言行类事件，有 8 起。其中，4 起是教师言行事件，4 起是学生言行事件。教师言行事件主要有：河南郑州某中学老师逼学生吃纸抽烟，恐吓殴打让其做伪证；河南淮阳一老师对违纪学生罚钱，称灵感来自"商鞅变法"；河南某中学高中教官常体罚学生惹众怒，被学生打破头缝 6 针等。学生言行事件主要有：河南某中学高中生打砸学校食堂；河南漯河千余高考生拜文曲星临时抱佛脚；河南登封男孩暑假给学生补课两个月赚 7 万，想捐助贫困学子；等等。

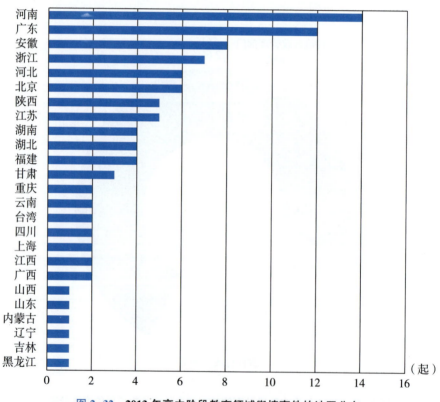

图 2-32   **2013 年高中阶段教育领域舆情事件的地区分布**

（七）舆情事件多发生在城市

2013 年我国内地高中阶段教育领域发生的舆情事件共计 111 起，从图 2-33 可以看出，其中发生在城市的事件最多，有 46 起，占比为 41.44%。

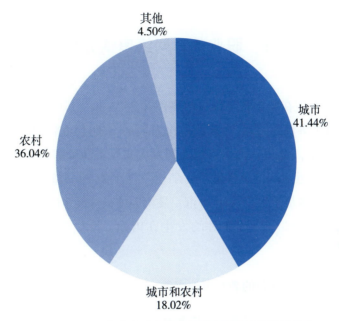

图 2-33　**2013 年高中阶段教育领域舆情事件的地域分布**

从图 2-34 可以看出，在高中阶段教育领域，除了师生言行类、教育腐败类和学校管理类事件外，其他类型的事件都更多地发生在城市而非农村。

（起）

	师生安全	师生言行	其他	招生考试	教育政策	教育腐败	维权诉求	学校管理
农村	15	16	1	0	0	3	1	4
城市	16	11	7	6	2	2	2	0

图 2-34　**2013 年高中阶段教育领域各类型舆情事件的地域分布**

五、职业教育网络舆情分析

2013 年发生在职业教育领域的事件共计 25 起。其中，近一半事件都是师生言行类事件，共计 12 起，占比为 48%。超过 90% 的事件是负面事件，共计 23 起。其中，师生言行类和师生安全类负面事件最多，分别有 12 起和 7 起。近 90% 的事件发生在学校，共计 22 起。超过一半的事件媒体报道时的主体是学生，共计 15 起。发生舆情事件最多的省份是陕西，有 5 起，占比为 20%。25 起事件均发生在内地，发生在城市的事件多于农村。

（一）排名前 10 位的教育舆情事件

以下是 2013 年职业教育领域排名前 10 位的教育舆情事件（表 2-4）。

表 2-4　**2013 年职业教育领域排名前 10 位的教育舆情事件**

排名	事件	事件类型	热度指数
1	北京舞蹈老师疯狂殴打辱骂学生	师生言行	7.99
2	河北廊坊数百名学生抗议食堂菜价高掀翻桌椅	师生言行	6.61
3	深圳宝安职业技术学校高二女生外出遇害	师生安全	6.59
4	黑龙江桦南县佳木斯林业卫校学生被装病孕妇骗回家供丈夫性侵后遇害	师生安全	3.19
5	"支持贫困地区大学生村官成长工程"在北方汽修学校开课	教育政策	1.26
6	男子收到暧昧短信与女生开房后被勒索 50 万	师生言行	1.07
7	深圳某技工学校学生不满伙食差微博骂校长被开除	师生言行	0.81
8	湖南科技经贸学院 17 岁女生遭 3 名室友非法拘禁 7 天，被泼开水拍裸照	师生言行	0.71

排名	事件	事件类型	热度指数
9	两中学生为抢女友纠集 50 多人街上火拼，1 人死亡	师生言行	0.61
10	武汉一学院仿造世界名建筑被指山寨，回应称与国际接轨	其他	0.57

由表 2-4 可知，职业教育领域排名前 10 位的事件大部分属于师生言行类型，有 6 起。其中，有 5 起是学生言行事件，1 起是教师言行事件。

（二）近一半的事件是师生言行类事件

从图 2-35 可以看出，2013 年职业教育领域舆情事件中，师生言行类事件最多，共计 12 起，占比为 48%。其次是师生安全类和教育腐败类事件，分别有 7 起和 4 起。师生言行类事件中，学生言行事件最多，达 11 起，占比为 91.67%。主要有：河北廊坊数百名学生抗议食堂菜价高掀翻桌椅；深圳某技工学校学生不满伙食差微博骂校长被开除；湖南科技经贸学院 17 岁女生遭 3 名室友非法拘禁 7 天，被泼开水拍裸照；等等。

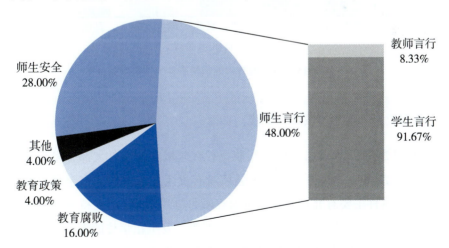

图 2-35　2013 年职业教育领域舆情事件的类型分布

（三）超过九成的事件都是负面事件

从图 2-36 可以看出，2013 年职业教育领域舆情事件大部分是负面的，负面事件共计 23 起，占比为 92%。其中，师生言行类和师生安全类负面事件最多，分别有 12 起和 7 起。师生言行类事件主要有北京舞蹈老师疯狂殴打辱骂学生等。师生安全类事件主要有：深圳宝安职业技术学校高二女生外出遇害，黑龙江桦南县佳木斯林业卫校学生被装病孕妇骗回家供丈夫性侵后遇害，延安监考老师抓替考被打等。仅教育政策类有 1 起正面事件，即"支持贫困地区大学生村官成长工程"在北方汽修学校开课。

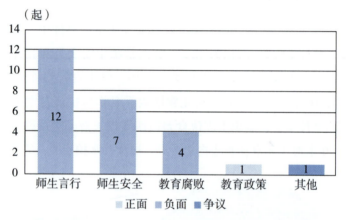

图 2-36 **2013 年职业教育领域舆情事件的情感倾向分布**

（四）近九成事件发生在学校

从图 2-37 可以看出，2013 年职业教育领域舆情事件大部分发生在学校，共计 22 起，占比为 88%。该领域没有发生在家庭的热点事件。发生在学校的事件主要有北京舞蹈老师疯狂殴打辱骂学生、"支持贫困地区大学生村官成长工程"在北方汽修学校开课等。发生在学校的事件中，师生言行类事件最多，共计 11 起，其中 10 起是学生言行事件。可见，加强校园文化建设，提高职业学校学生的素质刻不容缓。

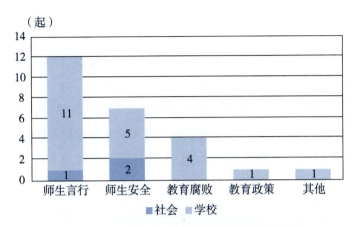

图 2-37 **2013 年职业教育领域舆情事件的场所分布**

（五）超过一半的事件媒体报道时的主体是学生

从图 2-38 可以看出，2013 年职业教育领域舆情事件媒体报道时的主体大部分是学生，占比为 60%。其次是学校，占比为 20%。

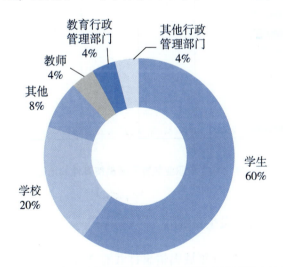

图 2-38 **2013 年职业教育领域舆情事件媒体报道时的主体分布**

（六）舆情事件发生最多的省份是陕西

从图 2-39 可以看出，2013 年职业教育领域发生舆情事件最多的省份是陕西，有 5 起，占比为 20%。其次是广东，有 4 起。发生在陕西的事件多为师生安全类事件，有 3 起，其中 2 起是非正常伤亡事件，1 起是校园安全事件。非正常伤亡事件主要有：陕西宝鸡职业技术学院机械系 16 岁男生离奇坠楼；河南女孩被同学殴打跳楼身亡，留遗言称对世界失望；等等。

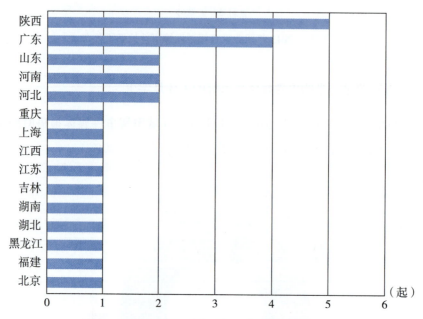

图 2-39　2013 年职业教育领域舆情事件的地区分布

（七）舆情事件多发生在城市

2013 年我国职业教育领域舆情事件共有 25 起，均发生在内地，从图 2-40 可以看出，其中发生在城市的事件最多，有 21 起，占比为 84%。

从图 2-41 可以看出，师生言行类、师生安全类、教育腐败类事件更多地发生在城市而非农村。

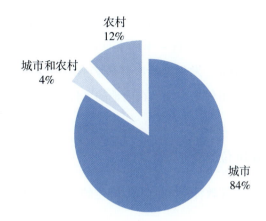

图 2-40　**2013 年职业教育领域舆情事件的地域分布**

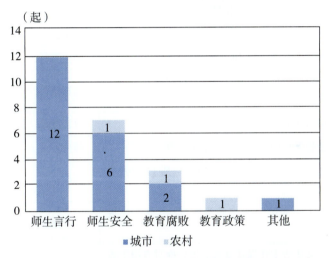

图 2-41　**2013 年职业教育领域各类型舆情事件的地域分布**

六、高等教育网络舆情分析

2013 年发生在我国高等教育领域的事件共计 257 起。其中，超过 1/4 的事件是师生言行类事件，共计 74 起，占比为 28.79%。大部分事件是负面事件，负面事件共计 160 起，占比为 62.26%，其中师生安全类和师生言行类负面事件最多,分别有 48 起和 47 起。近 2/3 的事件发生在学校,共计 164 起,占比为 63.81%。近一半的事件媒体报道时的主体是学生,有 112 起,占比为 43.58%。发生舆情事件最多的省份是北京,有 42 起,占比为 16.34%。257 起事件中,发生在内地的事件共计 236 起,发生在城市的事件多于农村。

(一) 排名前 10 位的教育舆情事件

以下是 2013 年高等教育领域排名前 10 位的教育舆情事件 (表 2-5)。

表 2-5 **2013 年高等教育领域排名前 10 位的教育舆情事件**

排名	事件	事件类型	热度指数
1	复旦大学中毒研究生经抢救无效去世	师生安全	46.90
2	清华女生铊中毒案 19 年未破	师生言行	27.70
3	国务院决定进一步提高重点高校招收农村学生比例	教育政策	12.86
4	2014 年起研究生取消公费	教育政策	12.18
5	波士顿爆炸中一名中国留学生遇难	师生安全	11.91
6	女博士后网曝中央编译局局长与其 17 次开房经过	师生言行	8.91
7	毕业生求职陷"出身歧视":学历查三代成行规	毕业就业	7.95
8	北京某律所主任强奸女大学生,称对方用手盗取精液	师生安全	6.54
9	武汉一大学生 1600 米长跑中"猝死"两小时后生还	师生安全	6.19
10	暨南大学原校长举报名教授论文作弊,校方否认	教育腐败	6.15

由表 2-5 可知,高等教育领域排名前 10 位的事件中,近一半的事件属于师生安全类型,达 4 起。其中,有 3 起是非正常伤亡事件,1 起是性侵犯事件。

（二）超过两成的事件是师生言行类事件

从图 2-42 可以看出，2013 年高等教育领域舆情事件中，师生言行类事件最多，共计 74 起，占比为 28.79%。其次是师生安全和其他类型的事件，分别有 55 起和 46 起。师生言行类事件中，学生言行事件最多，达 53 起，占比为 71.62%。因此，相关部门和高校应大力加强学风建设，加强思想道德建设，严格学生日常管理，大力开展校园文化建设以及人文教育等，全面提高大学生的综合素质。

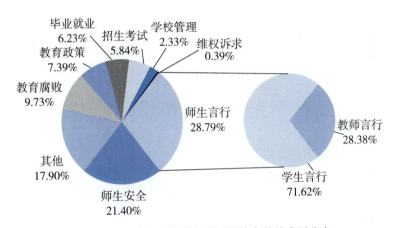

图 2-42　**2013 年高等教育领域舆情事件的类型分布**

（三）超过一半的事件是负面事件

从图 2-43 可以看出，2013 年高等教育领域舆情事件大部分是负面的，负面事件共计 160 起，占比为 62.26%。其中，师生安全类和师生言行类负面事件最多，分别有 48 起和 47 起。师生安全类事件主要有：复旦大学中毒研究生经抢救无效去世，波士顿爆炸中一名中国留学生遇难，北京某律所主任强奸女大学生等。师生言行类事件主要有：清华女生铊中毒案 19 年未破；女博士后网曝中央编译局局长与其 17 次开房经过；复旦大学大一男生坠楼身亡，寝室留遗书称厌世；等等。教育政策类正面事件最多，有 16 起，主要有：国务院决定进一步提高重点高校招收农村学生比例，2014 年起研究生取消公费，教育部称自主招生高校调整不到位或被取消资格等。

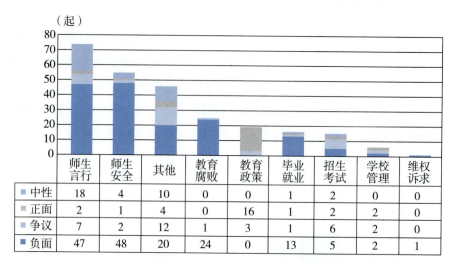

（起）

	师生言行	师生安全	其他	教育腐败	教育政策	毕业就业	招生考试	学校管理	维权诉求
中性	18	4	10	0	0	1	2	0	0
正面	2	1	4	0	16	1	2	2	0
争议	7	2	12	1	3	1	6	2	0
负面	47	48	20	24	0	13	5	2	1

图 2-43　2013 年高等教育领域舆情事件的情感倾向分布

（四）近七成事件发生在学校

从图 2-44 可以看出，2013 年高等教育领域舆情事件大部分发生在学

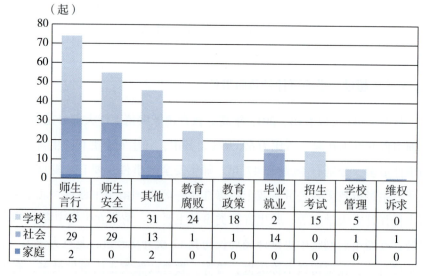

（起）

	师生言行	师生安全	其他	教育腐败	教育政策	毕业就业	招生考试	学校管理	维权诉求
学校	43	26	31	24	18	2	15	5	0
社会	29	29	13	1	1	14	0	1	1
家庭	2	0	2	0	0	0	0	0	0

图 2-44　2013 年高等教育领域舆情事件的场所分布

校，共计164起，占比为63.81%。此外，发生在社会上的事件也较多，达89起。发生在学校的事件主要有：复旦大学中毒研究生经抢救无效去世，国务院决定进一步提高重点高校招收农村学生比例等。发生在学校的事件中，师生言行类事件最多，共计43起，其中32起是学生言行事件，11起是教师言行事件。可见，加强校园文化建设，提高大学生和教师素质刻不容缓。

（五）近一半事件媒体报道时的主体是学生

从图2-45可以看出，2013年高等教育领域舆情事件媒体报道时的主体主要是学生，占比为43.58%。其次是教师和学校，占比分别为16.73%和14.79%。

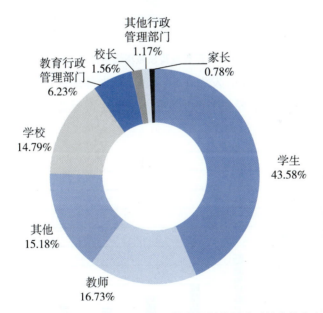

图 2-45　2013年高等教育领域舆情事件媒体报道时的主体分布

（六）事件多发生在东部地区

除去发生在我国港澳台地区的事件、全国性事件以及发生在国外的留学生事件外，2013年高等教育领域教育舆情事件共计199起。从图2-46可以看出，东部地区发生的事件数最多，达113起，占比为56.78%。其次是中部地区，达59起，占比为29.65%。西部地区事件数最少，达27起，占比为13.57%。

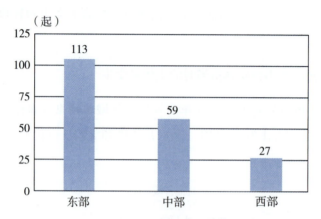

图2-46　2013年高等教育领域舆情事件的区域分布

从图2-47可以看出，发生在东部地区和中部地区的教育舆情事件数量明显多于西部地区，特别是师生安全类和师生言行类事件。

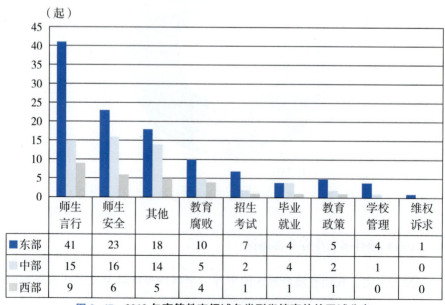

	师生言行	师生安全	其他	教育腐败	招生考试	毕业就业	教育政策	学校管理	维权诉求
东部	41	23	18	10	7	4	5	4	1
中部	15	16	14	5	2	4	2	1	0
西部	9	6	5	4	1	1	1	0	0

图2-47　2013年高等教育领域各类型舆情事件的区域分布

从图 2-48 可以看出，2013 年高等教育领域发生舆情事件最多的省份是北京，有 42 起，占比为 16.34%。其次是湖北和江苏，分别为 19 起和 16 起。发生在北京的事件多为师生言行类事件，有 17 起。其中，10 起是教师言行事件，7 起是学生言行事件。教师言行事件主要有：清华大学法学教授就"强奸陪酒女危害小"言论致歉，北大教授质疑恒大绣国旗，北大教授呼吁公开房产信息等。学生言行事件主要有：清华女生铊中毒案 19 年未破；女博士后网曝中央编译局局长与其 17 次开房经过；名校大四男生杀害两卖淫女并辱尸，称挂科压力大；等等。

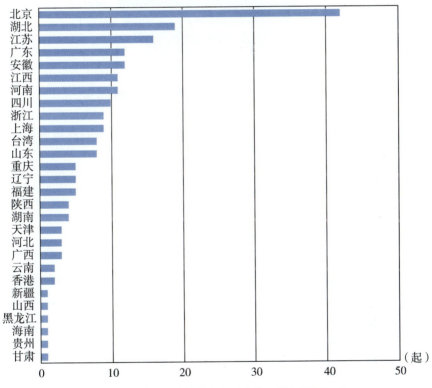

图 2-48　2013 年高等教育领域舆情事件的地区分布

（七）舆情事件多发生在城市

从图 2-49 可以看出，2013 年我国内地发生的高等教育领域舆情事件共计 236 起，其中发生在城市的事件最多，有 191 起，占比为 80.93%。

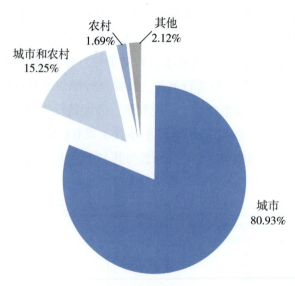

图 2-49　2013 年高等教育领域舆情事件的地域分布

从图 2-50 可以看出，在高等教育领域，发生在城市的舆情事件多于农村。这可能是因为大学都办在城市。

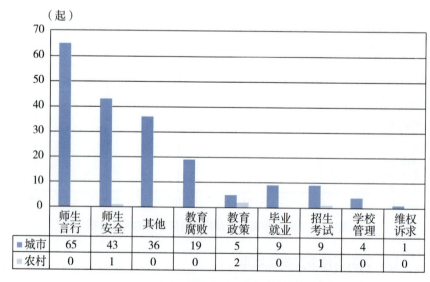

	师生言行	师生安全	其他	教育腐败	教育政策	毕业就业	招生考试	学校管理	维权诉求
城市	65	43	36	19	5	9	9	4	1
农村	0	1	0	0	2	0	1	0	0

图 2-50　2013 年高等教育领域各类型舆情事件的地域分布

第三章

教育舆情专题分析

对 2013 年发生的 846 起热点教育舆情事件的分析结果显示，校园安全、性侵犯和教师体罚为舆情事件三大易发类型。本报告选取这三类舆情事件，从舆情事件发生的地点、主体和所属教育领域等方面，呈现这些热点事件的整体趋势，展开深度分析。

一、校园安全舆情专题分析

校园安全是教育舆情事件高发领域，也是社会公众和各类媒体关注的焦点之一。校园安全舆情覆盖各级各类学校，一旦发生重大舆情事件，其影响通常都很大。本报告依据 2013 年舆情监测数据来探索师生安全事件发生的原因。2013 年，在 846 起热点教育舆情事件中，校园安全舆情事件共计 58 起，其中，义务教育领域发生的校园安全事件最多，占比为 51.72%。湖北老河口学生踩踏事故在校园安全舆情事件中影响力排名第一。该事件引起舆论的高度关注，凸显出学校安全责任的缺失。排名前 10 位的其他校园安全舆情事件，也凸显出学校管理不善和部分教育工作者安全意识淡薄等问题（表 3-1）。因此，应加大校园安全建设投入，落实学校"人防、物防、技防"措施。中小学校、幼儿园应设置治安保卫机构，配备一定数量的专、兼职治安保卫人员和专职门卫。要加强保安人员管理，配备必要的防护器具。城市所有学校和幼儿园、农村中心小学以及其他规模以上学校和幼儿园，要在重点部位配齐视频监控和报警设施。新建、扩建、改建学校和幼儿园时，要将安全设施纳入建设规划。同时，学校还应加强周边环境的安全管理，尽快肃清校园周边的不良网吧、书刊市场，营造绿色网吧和健康书刊市场，为学生创造一个良好的校园周边环境。

表 3-1　2013 年排名前 10 位的校园安全舆情事件

排名	事件
1	湖北老河口学生踩踏事故
2	教育部：2012 年校车事故死亡人数同比降五成
3	河南留守幼儿校车内闷死
4	湖南新化发生一起校园惨案，校长遇难一学生受伤
5	河南光山 4 名小学生溺水身亡，上月曾发砍学生案
6	浙江 19 名小学生疑因气体中毒流鼻血
7	广东英德一幼儿被困校车闷死
8	幼儿园长驾仅 8 座黑校车塞进 27 个孩子
9	深圳发生小学生踩踏事故，9 名学生 1 名教师受伤
10	上海浦东数十名学生疑似食物中毒

（一）50%的校园安全舆情事件发生在农村

除去全国性以及无法判断地域的校园安全舆情事件（共计 6 起）外，2013 年发生在农村的校园安全舆情事件共计 28 起，占比为 48.28%，发生在城市的校园安全舆情事件共计 24 起，占比为 41.38%（图 3-1）。广大农村地区的学校，由于经济文化落后，师生安全意识和责任意识比较淡薄。地方政府要采取多种形式，在中小学广泛开展生动、形象的安全教育，提高学生的安全意识和防范能力；分类指导和推进安全教育课程建设，组织各地学校创建安全教育精品课程；拓展校外安全教育，宣传自防、自救、互救和卫生防疫知识，增强学生安全意识，提高学生防灾避险能力、自救互救能力；将安全教育制度化、常态化，注重紧急疏散演练；同时，还要加强对教师的培训。

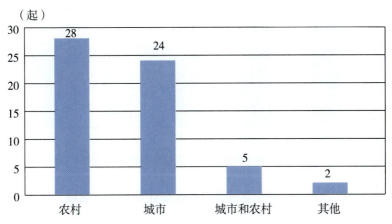

图 3-1　2013 年校园安全舆情事件的地域分布

（二）近 30% 的校园安全舆情事件涉及食品安全

如图 3-2 所示，从校园安全舆情事件涉及的事故类型来看，食品安全事件（如上海浦东数十名学生疑似食物中毒）最多，占比达 29.31%。其次为校园管理不到位引发的舆情事件（如武汉大学学生深夜做实验引发爆炸），有 14 起，占比达 24.14%。校车事故（如广东英德一幼儿被困校车闷死）与溺水死亡事件（如湖南新化 5 名学生溺亡）分别有 9 起和 7 起，占比分别为 15.25% 和 12.07%。这些校园安全舆情事件显示，引发校园安全事件的原因多种多样，但是，学校安全管理意识与制度的缺失是最关键的一点。学校、幼儿园要落实每日值班制度，严格实行外来人员、车辆登记制度，内部人员、车辆出入证制度，小学、幼儿园家长接送制度，严格按照食品卫生管理的流程和要求规范食堂管理，严格实行每月安全隐患自查制度，加强消防安全管理。

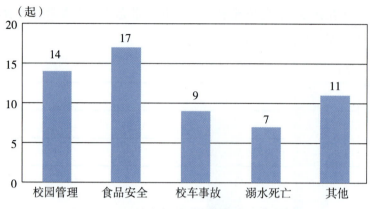

图 3-2　2013 年校园安全舆情事件的类别分布

（三）51.72％的校园安全舆情事件发生在义务教育领域

如图 3-3 所示，从事件所属教育领域来看，最容易发生校园安全舆情事件的教育领域是义务教育，共有 30 起，占比为 51.72％。其次是学前教育，共有 12 起，占比为 20.69％。接受义务教育的学生尚未成年，特别是流动人口子女学校和寄宿制学校的学生，更容易发生安全事故。因此，应加强学校安全法律意识的普及工作，切实落实学校和幼儿园的主体责任、公安机关和教育部门的监督指导责任、综合治理部门的组织协调责任，充分发挥校园及周边治安综合治理专项组的作用，推动各有关部门共同维护好学校、幼儿园及周边的治安秩序。另外，社会、家庭在校园安全建设方面应积极配合学校，除了监督其落实责任外，还应适时提出建设性意见。

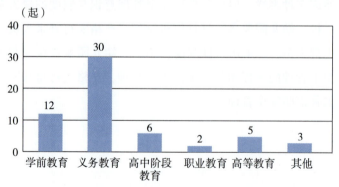

图 3-3　2013 年校园安全舆情事件的领域分布

二、性侵犯舆情专题分析

2013 年 1 月 1 日至 12 月 31 日，教育领域被媒体曝光的性侵犯舆情案件高达 125 起。[①] 校园性侵犯对未成年人造成的伤害受到各界关注。2013 年学生受性侵犯事件依然呈高发态势，共有 117 起。从学前教育到高等教育，各领域都有性侵犯事件发生，而义务教育领域发生的性侵犯事件最多，占比高达 57.26%。进一步分析发现，2013 年的性侵犯事件中，受害者都是中小学生，产生了极其恶劣的社会影响（表 3-2）。

表 3-2 **2013 年排名前 10 位的性侵犯事件**

排名	事件
1	海南 6 名小学女生被校长和政府人员带走开房
2	安徽潜山一小学校长猥亵多名女生 10 余年
3	浙江温州乐清一副校长猥亵女生被判刑 14 个月
4	江西瑞昌一六旬教师猥亵 7 名女童
5	河南桐柏一 56 岁教师性侵十多名小学女生
6	北京某律所主任强奸女大学生，称对方用手盗取精液
7	北京女大学生赴港旅游遭印度男子强奸
8	上海警方向检察院提请逮捕涉嫌猥亵儿童美籍教师
9	广东雷州小学校长涉嫌强奸两女生被举报后自首
10	广州原民政局处长李军猥亵 3 名男童

---

① 参见：性侵儿童案约 3 天曝光一起 [N/OL]. 京华时报，2014 - 03 - 03. http：//news. 163. com/14/0303/03/9MCOKMFT00014AED. html.

（一）近五成性侵犯舆情事件发生在农村

除去发生在我国港澳台地区、全国性以及无法判断地域的 18 起性侵犯事件外，2013 年发生在农村的性侵犯事件共计 56 起，发生在城市的共计 43 起（图 3-4）。可见，此类事件主要发生在农村地区。究其原因，主要与农村地区儿童的教育生活环境有关，特别是农村学校性安全教育薄弱，寄宿学生易成为性侵犯对象。为防止此类事件发生，学校应协助家长对学生进行相应的性教育，并采取防范措施。在很多发达国家，父母在孩子很小的时候就会向孩子渗透一些性知识。而在我国，特别是在农村，家庭中的性教育几乎没有。因而，监护人要切实担负起对未成年人的监护职责。特别是对父母外出打工的留守儿童，爷爷、奶奶、外公、外婆等家长要经常关注其思想情绪变化，帮助其接受适合的性教育和安全防范知识，提高对周围环境的警惕性，及时发现事故苗头，消除身边可能存在的隐患，切实保护儿童人身权利免受侵犯。[①]

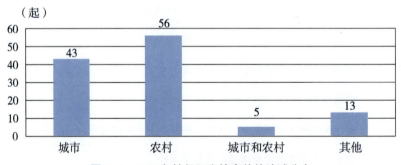

图 3-4　2013 年性侵犯舆情事件的地域分布

（二）近一半性侵犯舆情事件的犯罪主体为校外人员

近一半性侵犯舆情事件的犯罪主体是社会人员，占比为 40.17%；排在第二位的是教师，占比为 30.77%（图 3-5）。不管是社会人员还是校内教育工作者成为性侵犯罪主体，都与法律不健全和惩治不力有关。当前，

---

① 参见：儿童性侵害案件的特点、原因及对策 [EB/OL]．（2008－04－17）．http：//www.ybxww.com（宜宾新闻网）.

我国《教师法》和《未成年人保护法》等相关法律法规并没有对师生行为、师生交往进行明确规范。在传统的师德观念中，教师被推至一个至高无上的地位，可以任意命令学生，学生只能被动接受。这就为教师侵犯学生提供了便利，使得学生处于弱势地位。在司法实践中，对一部分性犯罪分子惩罚较轻，不能起到威慑作用。对于多件儿童性侵案的处理结果，也暴露了相关监督体制的弊端。因此，在我国保护未成年人的相关立法中，应加重对性侵未成年人犯罪主体的惩戒力度，并加大儿童性教育普及力度。

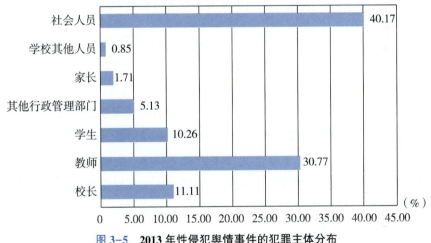

图 3-5　**2013 年性侵犯舆情事件的犯罪主体分布**

（三）54.70%的性侵犯舆情事件发生在学校

从性侵犯舆情事件发生的场所来看，54.70%的事件发生在学校，41.88%的事件发生在校外（图 3-6）。学校成为性侵犯舆情事件高发区域。特别是部分教师利用自己在学生心目中的威信和影响力侵害学生，造成非常大的负面影响。对此，可从三方面入手：一是在教师评审中加入心理评估，对教师进行人格测试，对于检测出心理不健全、有较大犯罪倾向的人不予颁发教师资格证；二是在教师继续教育中强化思想政治教育、法制教育、伦理教育、心理健康教育等；三是形成常态监管机制，从严、从速惩治性侵犯学生的教师。

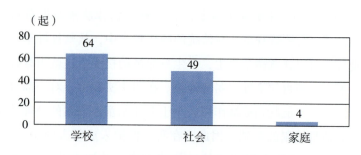

图 3-6　2013 年性侵犯舆情事件的场所分布

（四）57.26% 的性侵犯舆情事件发生在义务教育领域

从性侵犯舆情事件发生的教育领域来看，义务教育领域排在第一位，共发生 67 起，占比为 57.26%。排在第二位的是高等教育领域，共发生 16 起，占比为 13.68%（图 3-7）。防范义务教育领域的性侵犯事件，最有效的措施之一就是加强儿童性教育。然而，性教育一直是我国教育中严重缺乏的一环，教师不知道如何传授这方面的知识，儿童不知道如何保护自己，保护哪里，甚至在自身遭受侵害时都不知道。2008 年 12 月发布的《中小学健康教育指导纲要》中规定：小学一、二年级学生要知道"我从哪里来"的有关知识；三、四年级学生要了解身体主要器官的功能，学会保护自己；五、六年级学生要知道青春期生长发育的特点，男女少年在青春发育期的差异，女生月经初潮及意义，男生首次遗精及意义，青春期的个人卫生知识等。初中阶段要学会识别容易发生性侵犯的危险因素，保护自己不受性侵犯。高中阶段要了解婚前性行为严重影响青少年身心健康，避免婚前性行为；了解艾滋病的预防知识和方法等。实际上，这一纲要在我国大多数学校都未得到切实落实，以致很多学生都缺失自我性保护意识。对此，学校应依据《中小学健康教育指导纲要》，结合学校和学生的具体情况，组织鼓励教师开发性教育方面的校本课程，并以此作为教师的年度考核指标之一，加速儿童性教育的普及。

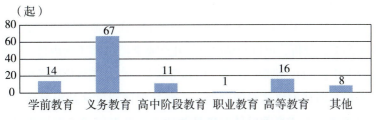

图 3-7　2013 年性侵犯舆情事件的领域分布

三、教师体罚舆情专题分析

一直以来，体罚都是学校教育中备受争议的话题，争议的焦点在于体罚学生是否人道及是否有效。我国公众，尤其是教师与家长对体罚的态度主要可分为两种：一种是坚决反对教师体罚，认为体罚并不是教育的必要手段，一位有爱心、有魅力的教师是不需要用体罚或变相体罚来教育学生的，体罚可能使孩子自卑，甚至引发厌学、撒谎等不良行为，甚至有专家建议形成体罚教师"黑名单"。另一种是认为教师可以适当体罚学生，而禁止体罚可能引发教师不敢批评调皮学生的极端现象，迁就和宽容并不是一剂万能良药，适当体罚不会对孩子身心健康造成不良影响。

我国明令禁止教师体罚学生，多个法律法规及政策文件中均对教师体罚问题做出了规定。1984 年 5 月 4 日，教育部办公厅发布《关于坚持正面教育，严禁体罚和变相体罚学生的通知》，第一次明确要求对于体罚和变相体罚学生的人员，必须及时进行批评教育，帮助其认识和改正错误。对于情节严重、屡教不改的，要查清事实，区别情况，给予适当的纪律处分。对于残害儿童、情节恶劣并造成严重后果的，要报请有关部门追究其法律责任。1986 年 4 月 12 日颁布的《义务教育法》第一次将禁止教师体罚写入法律条文，要求不得歧视学生，不得对学生实施体罚、变相体罚或者其他侮辱人格尊严的行为。《小学教师专业标准（试行）》、《中小学教师职业道德规范》等文件也从不同层面对教师体罚进行了约束。总的来看，我国对教师体罚的基本态度是严令禁止，决不允许，相关政策文本中使用了"不得""严禁""坚决反对""杜绝"等词语。然而，这些政策文本中缺乏对教师体罚相关行为的具体描述和限定。在教师体罚问题上，通过对相关政策的汇总分析，可以归纳出以下几点要求：（1）不得虐待、讽刺、挖苦、歧视学生；（2）不得体罚或变相体罚学生；（3）不得侮辱学生人格。

随着信息时代网络传媒的发展，一些教师体罚事件被报道后，因教师体罚手段狠毒、造成严重后果而备受关注，逐渐发展成为舆情事件。2013年共有 37 起教师体罚事件。从排名前 10 位的事件来看，发生在农村地区的事件与发生在城市地区的事件数量相当（均为 5 起）。其中，5 起发生在学前教育领域，4 起发生在义务教育领域，1 起发生在职业教育领域。排名前 10 位的事件呈现出一些突出特征：一是性质恶劣、后果严重，包括将学生打至尿血、打成精神病以及打断 5 根电线等；二是教育主管部门或当事教师拒不承认事实、推诿塞责，如认为体罚是在尽批评教育职责，在有多名学生做证的情况下仍称没有打人或是不小心划伤等（表 3-3）。

表 3-3　2013 年排名前 10 位的教师体罚事件

排名	事件	省份	地域	领域
1	北京舞蹈老师疯狂殴打辱骂学生	北京	城市	职业教育
2	学生上课接话茬遭老师暴打至尿血	河北	农村	义务教育
3	云南传一教师体罚学生打断 5 根电线持续 4 小时	云南	农村	义务教育
4	江西数十中学生集体操场罚跪	江西	农村	义务教育
5	黑龙江一幼儿园虐童：一天打 4 次一脚踢出半米	黑龙江	城市	学前教育
6	天津幼师被指用剪刀剪豁儿童鼻子	天津	农村	学前教育
7	吉林"虐童"女教师用笔划伤女童脸部	吉林	城市	学前教育
8	郑州女教师被指踢伤 7 岁男童下体	河南	城市	义务教育
9	河北燕郊一幼儿园涉嫌虐童	河北	农村	学前教育
10	福州小金星幼儿园疑发生针扎虐童事件	福建	城市	学前教育

（一）义务教育、学前教育为教师体罚舆情事件的高发领域

37 起教师体罚舆情事件中，有 24 起发生在义务教育领域，占比为64.86%，有 9 起发生在学前教育领域，占比为 24.32%，高中阶段教育（2

起）、高等教育（1 起）和职业教育（1 起）领域的教师体罚舆情事件相对较少（图 3-8）。义务教育、学前教育为教师体罚舆情事件的高发领域，这两个教育阶段的学生年龄小、自我保护能力弱，且正处于身体发育、个性发展的关键时期，容易出现教师体罚现象。因此，应特别加强对义务教育和学前教育阶段教师的师德培养，增强教师法律意识，提高教师专业素质。

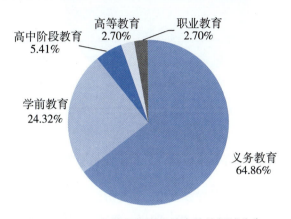

图 3-8　2013 年教师体罚舆情事件的领域分布

（二）学前教育领域的教师体罚事件多发生在民办园

2013 年涉及学前教育领域的教师体罚舆情事件共有 9 起，其中有 1 起发生在台湾。发生在大陆地区的 8 起事件中有 6 起发生在民办园，占比达 75%，这一现象非常令人担忧（图 3-9）。民办园存在教师流动性大、师资水平不高的特点，在 6 起民办园教师体罚事件中，当事教师全部为女性，有的教师甚至没有幼师资格证书，事件发生后的处理结果大多是对教师辞退了之，并不能从根本上解决问题。体罚事件的发生，不仅仅是当事教师的师德问题，在一定程度上是由教师专业素质低下导致的。2010 年，我国发布了《国务院关于当前发展学前教育的若干意见》，鼓励社会力量以多种形式举办幼儿园，积极扶持民办幼儿园发展。民办园将在学前教育领域发挥举足轻重的作用。同时，民办园的教师培训、审定评级、评估指导等方面也不容忽视。应特别重视民办园的师资问题，加强培训与指导，提高其专业化水平，防止体罚现象的发生。

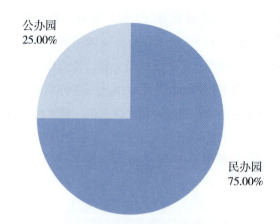

图 3-9　2013 年学前教育领域教师体罚舆情事件的分布

（三）教师体罚舆情事件在地理分布上比较分散

37 起教师体罚舆情事件涉及 21 个省份，其中发生在河南的有 6 起，陕西有 4 起，河北有 3 起，北京、四川、福建、湖南、湖北、广东各 2 起，江西、浙江、云南、黑龙江、天津、吉林、江苏、甘肃、广西、台湾、海南、安徽等 12 个省份各 1 起。从上述数据来看，教师体罚舆情事件在地理分布上比较分散。其中，河南教师体罚舆情事件相对较多，具体情况需相关地区加以重视。

（四）受惩罚学生中男生多于女生

37 起教师体罚舆情事件中，未明确受惩罚学生性别的有 4 起，另有 5 起为群体性惩罚事件，受惩罚学生既包括男生也包括女生。在余下的 28 起事件中，受惩罚学生为男生的共有 20 起，为女生的共有 8 起，前者占比远高于后者（图 3-10）。一般来说，具有反叛性格的男生多于女生，且女生大多比男生性格温顺、更为成熟，因而女生受体罚的比例低于男生。在学校教育中，应特别注意男生的心理发展，在与男生的沟通中要注意方式方法，避免使用简单粗暴的教育手段。

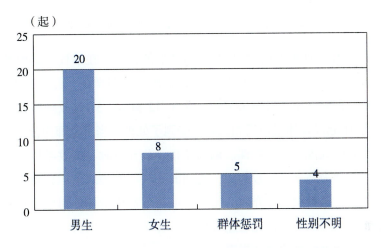

（起）

图 3-10　**2013 年教师体罚舆情事件受惩罚学生的性别分布**

（五）教师体罚舆情事件多为直接体罚且后果严重

根据《中小学教师职业道德修养》，体罚是对学生身体的惩罚，变相体罚是不直接对学生人身诉诸拳脚和工具，而以各种借口并以其他形式间接地对学生进行处罚。据此标准对 37 起教师体罚舆情事件的体罚性质进行分析，发现涉及直接体罚的有 30 起，占比为 81.08%，涉及变相体罚的有 7 起，占比为 18.92%（图 3-11）。直接体罚的形式主要为打耳光、用工具（电线、铁尺、凳子等）殴打、捆绑等，变相体罚的形式主要为罚跪、嘲讽、罚吃垃圾等。

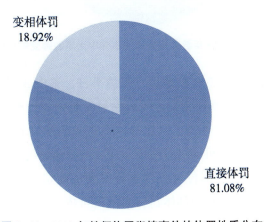

图 3-11　**2013 年教师体罚舆情事件的体罚性质分布**

（六）大部分教师体罚舆情事件的当事教师受到了处理

按照我国《教师法》，教师有下列情形的，由所在学校、其他教育机构或者教育行政部门给予行政处分或者解聘：体罚学生，经教育不改的；品行不良、侮辱学生、影响恶劣的。图 3-12 显示，37 起教师体罚舆情事件中，有 31 起经媒体报道后相关教师受到了处理：当事教师为公立学校教师的，受到的处理一般是停课、调离原校、公开道歉、绩效考核一票否决等；当事教师为私立学校教师的，受到的处理一般是辞退；另有一些造成严重后果的，已经由警方介入，比如初中男生遭班主任体罚成植物人、福州小金星幼儿园疑发生针扎虐童事件等。有 6 起教师体罚舆情事件没有查询到对明确处理意见的公开报道。

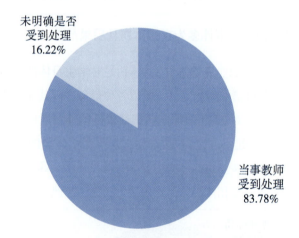

图 3-12　**2013 年教师体罚舆情事件中当事教师受处理情况**

2013 年共有 85 起热点教师言行舆情事件，其中 37 起为教师体罚事件，占比为 43.53%，教师体罚已经成为触发教师言行舆情事件的首要因素。尽管我国严禁教师体罚，但教师体罚现象仍然存在。从国际经验来看，有些国家规定教师可以进行适当体罚，并就体罚的具体适用情况、实施环境、工具、步骤、部位与程度进行了明确规定，如新加坡、澳大利亚、韩国、美国等，使得教师体罚有"度"可依。对于教师体罚，我们是

否要 "一刀切"？能否将 "严禁教师体罚" 修改为 "严禁教师恶意体罚"，将合理体罚纳入惩戒范畴，进一步明确教师惩戒的权力？针对上述问题，建议在考察国际先进经验的基础上进行广泛调研，由教育主管部门组织一线教师、校长、研究人员、教育管理人员等多方面人士参加专题研讨，制定针对我国教师体罚的具体举措，将以教育为目的的惩戒与恶意的体罚区分开来，打消教师顾虑，让教师的教育行为有法可依，避免恶性、随意体罚事件的发生。

[第四章]

2013年教育网络舆情的传播特点、趋势与应对策略

中国互联网络信息中心（CNNIC）发布的《第33次中国互联网络发展状况统计报告》显示，截至2013年12月，中国网民规模达6.18亿，全年共计新增网民5358万人。互联网普及率为45.80%。互联网的迅猛发展以及网络用户的日益增多，加剧了网络信息传播的复杂性和多样性。

在这一时代背景下，教育问题因与国家社会发展和人民生活密切相关而备受社会各界重视。了解教育网络舆情信息传播的态势，透视其传播特点，有助于我们更深刻地体会民众关切，服务政府决策，为教育事业的发展提供助力。

本章主要通过对2013年热点教育网络舆情事件及其信息传播特点进行分析和总结，概括教育网络舆情的传播特点，并结合典型案例剖析，提出相应的应对策略，以期为了解群众教育诉求、正确引导社会教育舆论、凝聚社会教育共识提供科研支撑。

一、教育网络舆情传播特点与趋势分析

（一）媒体报道教育网络舆情的特点

1. 中央、地方新闻网站和主要门户网站均对教育舆情事件保持高度关注

从表 4-1 可以看出，2013 年教育舆情事件报道量排名前 10 位的网站[①]中，中央级媒体网站（人民网、光明网、新华网）、主要门户网站（搜狐网、网易、凤凰网）以及地方新闻网站（中国江苏网、东莞时间网、西部网）各占 30%，均对教育舆情事件保持了较高的关注。其中，人民网的报道量遥遥领先，其全年报道教育舆情信息总量为 40515 条，是排名第二的网站的 1.6 倍。

表 4-1　2013 年教育舆情事件报道量排名前 10 位的网站

（单位：条）

排名	网站	报道量
1	人民网	40515
2	搜狐网	24906
3	网易	21305
4	凤凰网	17804
5	光明网	14247
6	中国江苏网	12959
7	新华网	10955
8	中国经济网	10758
9	东莞时间网	10621
10	西部网	10408

---

① 本部分分析的网站不包括专业性网站，如中国教育信息网等。

另外，以经济报道为主要内容的综合新闻网站——中国经济网也跻身前10位。如图4-1所示，其关注的教育舆情事件类型排在前三位的分别是校园安全（41.16%）、教育腐败（22.44%）和监管失职（11.19%）。其他事件类型所占的比例均不超过10%。

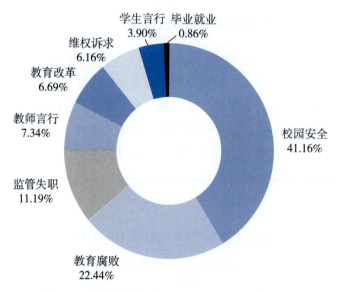

图4-1　中国经济网关注的教育舆情事件类型分布

2. 中央级媒体网站在舆情传播方面具有绝对领先优势，其新闻排头兵地位不可撼动

图4-2对2013年教育舆情事件报道量排名前10位的网站进行了信息扩散情况分析。在2013年按季度划分的四个信息扩散周期中，第一季度和第二季度信息覆盖面最广的前3个网站均为人民网、搜狐网和凤凰网；第三季度信息覆盖面最广的前3个网站分别是人民网、网易和搜狐网；第四季度信息覆盖面最广的前3个网站分别是人民网、网易和凤凰网。其中，人民网的信息覆盖面最广，扩散速度最快。

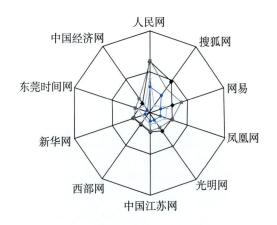

—◆— 第一季度　　—◆— 第二季度　　—■— 第三季度　　—△— 第四季度

图4-2　2013年各季度教育网络舆情信息在主要网站中的扩散情况

3. 微博在教育网络舆情信息传播中具有信息量上的绝对优势，发挥了"扩音器"作用

从图4-3中可以明显看出，当前微博在教育网络舆情信息传播中具有绝对量上的优势，其信息发布量为3442000条，为其他类型媒体合计发布量的12倍以上。《中国教育网络舆情分析报告2012》显示，在教育网络舆情方面，微博信息发布量占比接近二分之一。2013年的数据显示，微博信息发布量更为庞大。微博"更加广泛地参与到社会事件和各种社会活动之中，并且成功地由'抢饭碗'华丽转身为危机时刻的'扩音器'"[①]。

4. 除微博以外，商业网站和新闻网站依然是教育网络舆情信息传播的主渠道

由于微博是一个相对封闭的网络空间，因此为了更清晰地说明微博以外的网络媒体对教育舆情的传播情况，本报告主要对商业网站、新闻网站、综合论坛、地方性报纸和中央级报纸进行了分析。如图4-4所示，在更为公开的网络平台上，商业网站和新闻网站依然是网络舆情信息传播的主要渠道，两者占比合计超过80%。

---

① 袁舒婕. 2013年舆情：微博微信发出年度强音［EB/OL］. （2013-12-17）. http：//www.chinaxwcb.com/2013-12-17/content_282786.htm.

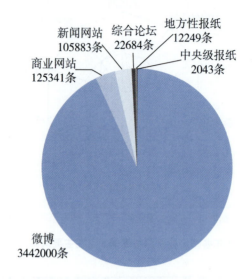

新闻网站
105883条

综合论坛
22684条

地方性报纸
12249条

商业网站
125341条

中央级报纸
2043条

微博
3442000条

图 4-3   **2013 年教育舆情信息发布情况**

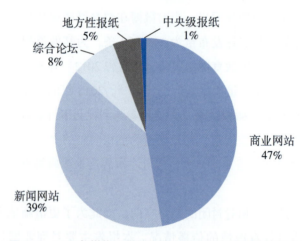

地方性报纸
5%

中央级报纸
1%

综合论坛
8%

商业网站
47%

新闻网站
39%

图 4-4   **2013 年媒体（微博以外）报道教育舆情信息情况**

综合论坛发布的信息量不多，比例为 8%，显示出在社交媒体冲击下网络论坛和网络社区的式微。而地方性报纸比中央级报纸更多地"发声"，中央级报纸发布的信息量所占比例仅为 1%。但是正如表 4-1 的分析，在报道量排名前 10 位的网站中，中央级媒体网站占 30%，且依托

《人民日报》创建的中央级媒体网站人民网排名第一，报道量最大。可见，虽然中央级报纸在教育网络舆情信息发布量上占比不高，但是由于其强大的辐射力和影响力，依然处于重要地位，其权威性、重要性不容忽视。

（二）年度十大教育网络舆情事件的传播特点

1. 新闻网站和商业网站依然是权威信息发布和传播的主渠道

由于微博信息发布具有自由性和随意性的特点，同时相对于专业新闻媒体来说也缺乏一定的可信度和权威性，因此这里暂将微博内容排除在外，仅对教育网络舆情信息在网站（包括新闻网站和商业网站）、纸媒（包括中央级报纸和地方性报纸）（网络版）、博客、综合论坛和境外媒体里的发布情况进行分析。

表 4-2 中的数据显示，在十大教育网络舆情事件中，有 8 起事件都是网站发布的信息量最大，详情如下：海南 6 名小学女生被校长和政府人员带走开房，13417 条；神舟十号太空授课，16732 条；复旦大学中毒研究生经抢救无效去世，2874 条；教育部拟规定小学生不留书面作业取消百分制，2469 条；教育部部长称不能取消高考但要改革，1424 条；教育部等部门专题协商关爱农村留守儿童志愿服务工作，1108 条；我国农村留守儿童数量超过 6000 万，883 条；教育部前发言人呼吁取消小学英语课，1322 条。由于商业网站的新闻一般都转载自纸媒或新闻网站，考虑以上因素，再加上纸媒（网络版）的信息数据，可以发现，10 起事件中有 9 起事件的信息主要源于专业新闻媒体（上述 8 起事件加上清华女生铊中毒案 19 年未破）。仅有 1 起事件（即老师曝超半数学生家长给老师送礼，"祝福"成"助腐"）是微博发布的信息量最大。

可见，在微博以外的网络舆情信息传播媒体中，专业新闻媒体作为权威信息发布的主要渠道，依然占据绝对优势。

表 4-2 **2013 年十大教育网络舆情事件新闻信息在各类媒体中的分布情况**

（单位：条）

事件	网站*	纸媒（网络版）	博客	综合论坛	境外媒体**
1. 海南 6 名小学女生被校长和政府人员带走开房	13417	940	196	3375	177
2. 神舟十号太空授课	16732	2819	183	142	660
3. 复旦大学中毒研究生经抢救无效去世	2874	96	62	486	53
4. 清华女生铊中毒案 19 年未破	383	17	14	392	21
5. 教育部拟规定小学生不留书面作业取消百分制	2469	89	47	483	5
6. 教育部部长称不能取消高考但要改革	1424	56	27	282	5
7. 教育部等部门专题协商关爱农村留守儿童志愿服务工作	1108	26	16	64	0
8. 我国农村留守儿童数量超过 6000 万	883	48	24	126	3
9. 教育部前发言人呼吁取消小学英语课	1322	83	15	293	5
10. 老师曝超半数学生家长给老师送礼，"祝福"成"助腐"	5	0	0	6	0

＊主要指国内新闻网站和商业网站，包括凤凰网。

＊＊主要指境外新闻网站和商业网站，包括我国港澳台地区的网站，但不包括凤凰网。

　　此外，境外媒体对国内十大教育网络舆情事件的关注度并不高，主要集中于排名靠前的几起事件，其关注度与事件本身的热度排序基本一致。

　　2. 微博支撑起教育网络舆情大数据

　　表 4-3 为 2013 年十大教育网络舆情事件的新闻信息发布量及评论与回帖数的细分汇总表。

表4-3 2013年十大教育网络舆情事件新闻信息发布量及评论与回帖数

（单位：条）

事件	信息发布				评论与回帖		合计
	网站*及纸媒（网络版）	博客	综合论坛	微博	网站及纸媒（网络版）、博客、综合论坛	微博	
1. 海南6名小学女生被校长和政府人员带走开房	14347	194	3375	5969	198384	110131	272400
2. 神舟十号太空授课	19551	183	144	2544	818	15652	38892
3. 复旦大学中毒研究生经抢救无效去世	2966	62	486	9576	20438	124162	157690
4. 清华女生铊中毒案19年未破	400	14	392	4530	538	76813	82687
5. 教育部拟规定小学生不留书面作业取消百分制	2557	47	483	51	4434	1052	8624
6. 教育部长称不能取消高考但要改革	1478	27	282	801	5838	16540	24966
7. 教育部等专题协商关爱农村留守儿童志愿服务工作	1133	16	64	63	5419	118	6813
8. 我国农村留守儿童数量超过6000万	930	24	126	128	5414	893	7515
9. 教育部前发言人呼吁取消小学英语课	1405	15	293	616	18198	14399	34926
10. 老师曝超半数学生家长给老师送礼，"祝福"成"助腐"	5	0	6	3732	3	83058	86804

* 主要指国内新闻网站和商业网站，包括凤凰网。

注：数据仅包括事件的信息发布量和评论数据，因此数据总量的大小与十大教育网络舆情事件热度指数排序并不一致。事件热度指数排序数据使用的各年项目请参见附表2《教育网络舆情事件热度指标体系》。

由表 4-3 可以发现，在十大教育网络舆情事件中，有 4 起事件的微博数据量（包括微博信息发布量及评论与回帖数）超过了该事件数据总量的 65%，即复旦大学中毒研究生经抢救无效去世（84.81%）、清华女生铊中毒案 19 年未破（98.37%）、教育部部长称不能取消高考但要改革（69.46%），以及老师曝超半数学生家长给老师送礼，"祝福"成"助腐"（99.98%）。另外，海南 6 名小学女生被校长和政府人员带走开房以及神舟十号太空授课这两起事件的微博数据量占比均超过 40%，分别为 42.62% 和 46.79%。

可见，微博通过信息积累，对于舆情事件的发生、发酵和发展起到了重要的推动作用。尤其是在学校危机事件和社会敏感问题上，主要是微博在推波助澜。同时，在个别事件，如老师曝超半数学生家长给老师送礼，"祝福"成"助腐"中，可以看到其信息发布主要集中于微博。这反映出在新媒体时代，微博的作用力会促成社会大众对事件的关注和聚焦，并在某些情况下推动该事件到达舆论的风口浪尖。

各大网站［包括新闻网站、商业网站和纸媒（网络版）］在事件报道方面的作用仍无可替代，特别是在具有一定社会影响力的正面事件的传播中，各大网站发挥了较为重要的作用。而博客和论坛一方面在信息传播的速度和便捷性上无法与微博相比，另一方面在信息传播的专业性和权威性上不及新闻媒体，因此被远远甩在了后面。

二、教育网络舆情主要微博用户分析

本报告利用中国教育科学研究院教育网络舆情监测平台，通过对 568426 个微博（新浪微博）注册用户进行监测和账号分析，梳理和汇总出 2013 年较受网民关注的微博个人用户和媒体（机构）用户。

根据设置的教育领域舆情关键词，基于发微博的数量、微博评论数、微博转发数和微博粉丝数四个指标，结合对用户本身的社会影响力及其与教育领域的关系的分析，同时考虑到用户交叉和重合等情况，可以发现

2013 年，在个人用户中，王久辛、邓飞、李开复、郑渊洁、北京晨雾、熊丙奇、王旭明、罗崇敏、朱永新、孙云晓等的微博受网民关注度较高，微博转发数和评论信息较多。在媒体（机构）用户中，《头条新闻》《环球时报》《广州日报》、财经网、《南方日报》《楚天都市报》《新闻晨报》《羊城晚报》《大河报》《扬子晚报》等的微博备受网民关注。

三、教育网络舆情案例分析

（一）案例一：重庆 10 岁女童摔婴事件

★事件概况

2013 年 12 月 4 日，重庆电视台播出了一段 11 月 25 日发生在重庆长寿区某居民小区电梯内一女童摔打婴儿的视频。婴儿在被摔打后从 25 层离奇坠楼且重伤昏迷。视频曝光之后，引起了媒体的广泛关注和追踪报道，女童的行为更是引发了社会的集体热议。

★事件关键节点时间轴

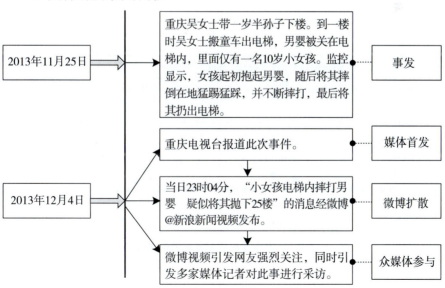

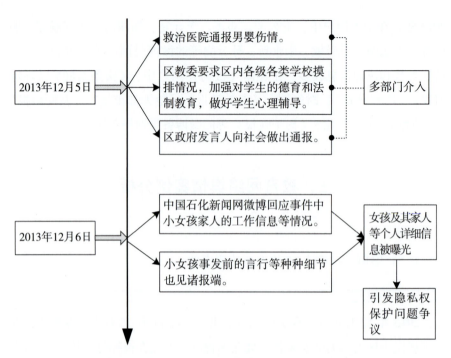

图 4-5　重庆 10 岁女童摔婴事件关键节点时间轴

★媒体关注度分析

图 4-6 显示，2013 年 12 月 5 日，事件经媒体和微博曝光之后，在不同媒体上均有信息量暴涨之势，且都不同程度地出现了信息量高峰。比较

图 4-6　重庆 10 岁女童摔婴事件新闻信息爆发趋势图

突出的是，网站和微博的信息量较大。网站信息量在 12 月 6 日达到峰值，为 321 条。微博信息量也在同一天达到峰值，为 91 条。两个峰值出现的时间一致，但是微博信息量的次高峰出现时间要早于网站信息，且信息量大于网站信息。其他媒体的情况与二者相比有较大不同。

在这起事件中可以发现，微博的信息聚焦和扩散作用得到了充分体现，微博信息量尽管在总量和峰值上不如网站信息，但是其引发了网民对事件的广泛关注，并且较早、较迅速地形成了信息小高峰。

★相关政府部门的应对

参与事件的政府相关部门主要有：重庆市长寿区公安局、重庆市长寿区人民法院、重庆市长寿区教育部门、重庆市长寿区政府。

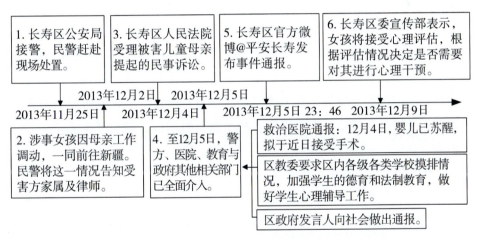

图 4-7　重庆 10 岁女童摔婴事件相关政府部门应对时间轴

◆快速反应，多部门全面介入

首先，在 2013 年 11 月的事发阶段，由于媒体尚未介入，主要是公安和司法部门参与其中。无论是警方接警后的处理，还是女童随母亲离开当地，公安部门均及时告知受害者家属，法院依法受理，相关部门都做到了及时反应，依法处置。

其次，在事件于 12 月 4 日由重庆电视台报道以及经微博转发影响扩大化之后，至 12 月 5 日，当地警方、教育部门、政府以及救治医院已经全面介入，参与事件处理，并向社会进行通报。

◆ 及时通报，缓解社会紧张情绪

由图 4-7 可以看出，介入事件的各部门都做到了信息的及时发布和对社会公众疑问的及时回应。这可以有效防止臆测，避免谣言的散布和传播，适时缓解社会紧张情绪，促进舆论压力的纾解，有利于舆情事件的平息。

◆ 理性评价，避免事态扩大

由于涉事女童的小学生身份、行为的暴虐性以及被摔打婴儿的严重伤势，使得该事件成为社会广泛关注的敏感事件。事件经媒体和网络传播之后迅速升温，成为新闻热点和焦点。特别是事件中的女童，更是其中的热议对象。因此，在这一事件中，如何进行情绪的疏导十分重要。从媒体对该事件的评论，尤其是对女童的评价中可以看到，尽管女童行为确实不为人所容，但是各种评价依然保持了较为理性的思考和态度，如探究女童行为的深层原因，讨论公安部门行为的合法性，包括对女童隐私问题的保护，等等。有关部门理性地对待网络上不同的社会意见和态度，考虑公众评论，进而采取多种手段及时回应，避免了事态进一步扩大。

◆ 加强监管，避免类似事故

事件发生之后，政府和相关部门迅速做出了应对。尤其是当地政府责成当地教育部门切实加强对学生的教育和管理，严防类似事件的发生。当地教委也立即要求区内各级各类学校摸排情况，切实加强对学生的德育和法制教育，做好学生心理辅导工作。同时，当地区委宣传部还表示，涉事女童将接受心理评估，根据评估情况决定是否需要对其进行心理干预。

这些手段和措施都有助于避免类似悲剧的发生，促使相关部门和机构对此类事件提前加以预防，起到了一定的社会警示和警醒作用。

★ 暴露出的问题

在这起事件中，尽管政府及相关部门都对危机进行了比较妥善的处理，但仍然暴露出教育舆情危机应对中的一个问题，即对青少年的保护，尤其是隐私保护问题。对于这起事件中的涉事女童，无论其行为多么恶劣，媒体对其的过度报道，以及广大网民自发的人肉搜索，都触及了隐私保护问题。

随着事件在网络上被广泛传播，女童的个人信息及其家庭成员信息都被暴露于网上，这给女童个人及其家庭带来了很大的困扰和伤害，也有悖于我国有关青少年正当权益保护的规定。女童行为暴露出的深层次问题不容忽视，对未成年人行为失范应引入社会干预，但未成年人的隐私也应受到保护。

（二）案例二：甘肃初中生发帖质疑一起死亡案被刑拘事件

★事件概况

2013年9月17日，甘肃省张家川回族自治县张家川镇中学初三学生杨某被警方以涉嫌寻衅滋事刑拘。此前，杨某曾发微博质疑该县一名男子非正常死亡案件有内情。杨某被刑拘事件经媒体报道后引起很大轰动。随后，警方撤销了对杨某的刑事拘留决定，转而对其行政拘留7天。由于此前最高人民法院发布两高司法解释，规定利用信息网络发布诽谤信息被转发达500次可判刑，所以此案被称为"500转刑拘第一案"。

★事件关键节点时间轴

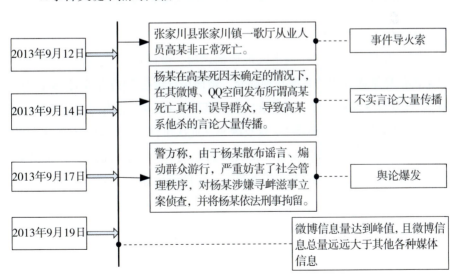

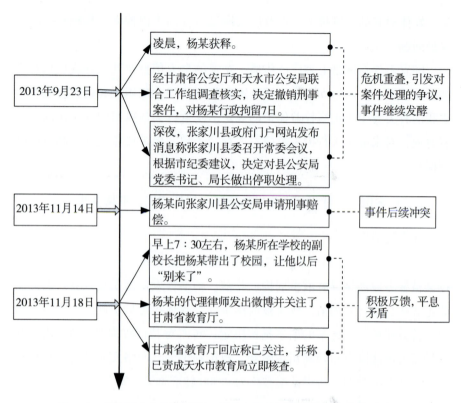

图4-8 甘肃初中生发帖质疑一起死亡案被刑拘事件关键节点时间轴

★媒体关注度分析

图4-9显示，在事件当事人被刑拘之后，微博和网站的信息量较大，且微博信息量远远超过其他几种媒介。微博信息量在2013年9月19日和9月22日分别达到最高峰（249条）和次高峰（163条）。而网站信息量在9月23日达到最高值（56条）。这反映出在此次事件中，微博起到了主要的信息传播作用，其在事件发生和发展方面起到了引领舆论的作用。相比较而言，其他媒体的信息发布和传播具有一定的滞后性。

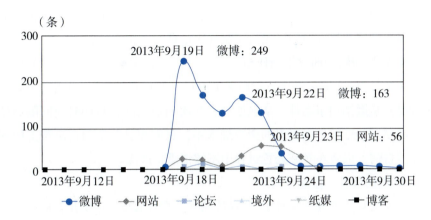

图4-9　杨某被刑拘阶段的新闻信息爆发趋势图

★相关政府部门的应对

参与事件的政府相关部门主要有：甘肃省张家川县公安局、甘肃省张家川县政府、甘肃省教育厅。

图4-10　甘肃初中生发帖质疑一起死亡案被刑拘事件相关政府部门应对时间轴

◆反应滞后，错失释疑良机

从杨某9月17日被刑拘到微博信息量在9月19日达到峰值，张家川县有关部门一直未就刑拘原因做出正面回应。直到9月20日，张家川县公安局官方微博才对刑拘杨某进行了解释。张家川县公安局能够利用微博来回应大众关切，这一点值得肯定。但因为回应时间上的延后，已失去了对广大民众释疑的最佳时间，错过了事件舆论爆发的关键时点。

◆ 密集纠错，凸显不当作为

从9月20日张家川县公安局做出解释，到9月22日张家川县公安局表示对杨某撤销刑事案件，从轻处罚，两次回应之间较短的时间间隔和处罚上的变更，反映出在当时的舆论旋涡中，张家川县公安局在决策上的摇摆和不自信，以及在实际处置过程中不够慎重、严谨。

◆ 危机重叠，激化矛盾

张家川县公安局于9月23日释放杨某，当日深夜，张家川县政府门户网站发布消息，称县委决定停止现县公安局党委书记、局长执行职务。次日张家川县县委表示，该县公安局长被停职与中学生涉嫌寻衅滋事案无关。在事件尚处于社会关注焦点的时候，爆出该县公安局长被停职的消息，进一步强化了大众对事件的关注和讨论，一定程度上导致事件进一步发酵和延续。

◆ 及时回应，弥补失误

在事件后续部分，2013年11月18日杨某被学校拒绝进校读书。其代理律师当日即发布了相关微博，并提示甘肃省教育厅关注。甘肃省教育厅及时做出回应，并表示已责成天水市教育局立即核查，保障每一个公民接受义务教育的权利和责任。在这一阶段，甘肃省教育厅能够充分利用微博这一新型媒介手段，较快地对舆论进行反馈，并指出了解决问题的途径，表达了对失学少年的关切，在事件处理中发挥了积极作用。

四、教育网络舆情应对策略

第一，正面、妥善面对舆情危机事件，争取第一时间介入危机事件的处理。

教育舆情事件发生之后，社会公众希望看到的是一个不回避、不逃避、负责任的政府。因此，积极面对舆情事件，不推卸责任，及时介入事件并妥善处理，是缓解紧张事态的有效途径。

第二，信息公开，速报实情，谨防发布不准确消息，避免谣言扩散。

政府及相关部门在处理教育舆情事件时，还要重视及时回应媒体和网民。针对媒体报道的问题、网民的质疑，要能够及时做出反馈。对于社会公众关注的事实，要及时、准确地公开信息。但是也不能因急于回应社会质疑而发布不准确的消息，以免事件扩大化。及时、准确地发布信息，避免虚假和不实言论扩散，有利于舒缓社会不安和紧张情绪，从而达到缓解教育舆情危机压力的目的。

第三，正确处理与媒体的关系，促进不同意见的合理表达。

媒体是社会信息的专业发布机构，政府及相关部门在处理教育舆情事件时须正确处理与媒体的关系。如果在教育舆情事件发生之初，政府及相关部门就能及时、全面介入，将有利于舆情事件的处理和解决，促成舆情危机的解除，有效缩短舆情事件的发展进程。为了充分实现这一目标，在此过程中，政府及相关部门应做到以下几点。

（1）做好教育舆情信息监测。舆情事件的爆发往往具有不可预测性。但是，数据分析显示，在某些领域和特殊时段容易发生舆情事件。在教育领域，假期或者开学之初等时期都较易发生舆情事件。因此，做好对教育领域的全面及重点时段的舆情监测，就显得非常有必要。相关部门要做好敏感时期和敏感问题的舆情信息监测，有效地掌控教育舆情信息，为舆情事件发生后掌控事态发展做好前期准备。

（2）正确、客观地看待舆情危机事件。面对教育舆情危机事件，要有客观、平和的心态，不能捂，不能逃避，不能怕暴露问题。教育舆情危机事件的发生意味着其中必然存在一定的社会问题。有了问题不要紧，及时解决和处理才是面对问题的正确态度。因此，要能够在第一时间积极地面对问题，迅速、适时地回应教育舆情，不推卸责任，处理好危机。

（3）全程关注，分阶段进行干预。对教育舆情事件的介入，有一个从监测、处理到引导的过程，需要全程关注和参与，并按照事件发展的不同阶段，结合各阶段的特点和需求采取相应的应对措施。因此，在这一干预过程中，需要制定全面的应对方案和解决措施，分阶段进行干预。

（4）积极引导，促成舆情危机的解除。教育舆情事件的发生与发酵，会促使舆论压力堆积。教育舆情事件的相关主体以及各关注媒体和网民会有种种疑问和困惑，因此政府及相关部门需要快速回应，披露事实，不发布不实消息，不推测事件后果。要能够倾听各方的意见和声音，做好沟通工作，充分发挥舆论引导作用，缓解社会情绪和压力，为舆情危机事件的解决提供良好的社会大环境。

（5）多方协作，化解舆情事件的负面影响。教育舆情事件的解决和平息是一个需要多方参与和投入的过程，单靠政府及相关部门的介入通常是不够的。政府及相关部门要关注教育舆情事件的各参与方，积极促成事件的解决，特别要考虑到媒体效应，并与媒体进行有效沟通和协作，同时还要重视对网民的回应。在事后应进行经验教训的总结，化解事件负面影响，将危机事件负效应降到最低。这需要社会各方的全力协作和共同努力。只有各方都有效参与，积极配合，才能够将危机事件尽快平息，并实现负效应的最小化。

附 录

教育网络舆情监测技术说明

一、中国教育科学研究院教育网络舆情监测平台

中国教育科学研究院教育网络舆情监测平台（以下简称教育网络舆情监测平台）具有实时性、精准性、广泛性的特点，通过运用数据挖掘技术，对互联网教育信息进行实时采集、过滤和汇总分析，在全网范围内倾听网民声音，实时了解和把握教育领域的网络舆情状况，跟踪和预警教育舆情事件。目前，教育网络舆情监测平台能够对国内 6315 家网站、925 家传统媒体（电子版）、1291 个论坛、141 个博客、568426 个微博用户以及 125 家境外媒体进行实时监测。平台具有事件预警、事件统计与分析、事件探索性分析以及专题报告与数据存储等功能。

（一）事件预警

教育网络舆情监测平台运用大量文本挖掘技术，对监测周期内教育网络事件的文章报道量、文章转载数、微博信息的转发量和评论量，结合时间变化趋势展开数据分析，自动识别互联网上的热点新闻事件。

教育网络舆情监测平台能够实时掌控互联网上的教育舆情信息，及时

发现、收集并分析教育网络舆情事件的趋势动态，监测教育网络舆情的热点变化，进而全面地掌握热点议题的发展动向，预测教育舆情热点事件的发展趋势，对网络教育事件进行有效的预警。

（二）事件统计与分析

教育网络舆情监测平台可以多通道、定向、实时、准确地采集国内外主要纸媒（网络版）、重要新闻网站、主流门户网站、论坛、博客和微博的最新内容，对这些信息统一进行加工过滤、自动分类汇总，保存新闻、博文、帖子、微博的标题、出处（包括网站及所处位置）、发布时间、作者或发布人、正文、相关图片等，并统计新闻的报道数和回复数，论坛的发帖数和回帖数，博客的博文数和评论数，以及微博的发微博数、转发数、评论数和粉丝数。

附表 1　教育网络舆情事件信息统计

（单位：条）

事件	新闻数	博文数	论坛帖数	微博数
海南 6 名小学女生被校长和政府人员带走开房	14347	194	3375	5969
神舟十号太空授课	27471	173	4589	2401
复旦大学中毒研究生经抢救无效去世	2966	62	486	9576
清华女生铊中毒案 19 年未破	400	14	392	4530
教育部拟规定小学生不留书面作业取消百分制	2557	47	483	51
教育部部长称不会取消高考但要改革	1478	27	282	801
我国农村留守儿童数量超过 6000 万	930	24	126	128
教育部前发言人呼吁取消小学英语课	1405	15	293	616

除了统计新闻媒体的报道情况外，教育网络舆情监测平台还具有数据分析功能，可根据教育网络舆情事件的类型、发生的地点、所属教育领域、媒体信息量等因素进行描述性统计分析。

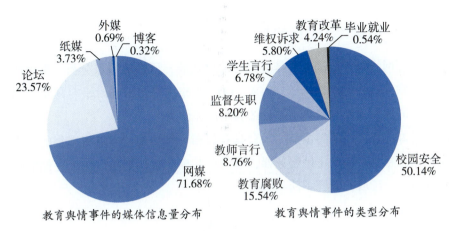

教育舆情事件的媒体信息量分布　　　　教育舆情事件的类型分布

教育舆情事件的领域分布

附图1　教育网络舆情事件统计分析

（三）事件探索性分析

教育网络舆情监测平台可以将时间与事件自由组合进行探索性分析，采用智能关联技术，将与事件所涉及的人或事有关的热点人名、地名、机构名以及其他热点词汇组织到一起，对事件背后的关注者、事件传播趋势等进行多角度关联，分析教育舆情信息的转发规律、传播路径，提取关键节点（人物），并以爆炸图、树状图等多种方式进行呈现，且可以根据需求进行调整。

（四）专题报告与数据存储

教育网络舆情监测平台具有报告输出功能，所做的热点分析、事件统计、关联分析都能够以 XLS、PDF、DOC 等格式输出；同时平台还提供多种类型的报告模板，提高了平台的实用性和便捷性。

另外，教育网络舆情监测平台具有数据存储功能，可以将采集的教育舆情信息独立存储于本地服务器，通过公共标准接口通信，保证存储数据可以写入、读取并兼容不同的系统。

二、教育网络舆情事件的整理流程

2013 年，教育网络舆情监测平台从网站、传统媒体（电子版）、论坛、博客中获取教育舆情信息 147.74 万条，从微博获取教育舆情信息 344.2 万条。通过聚类和查重，最终筛选出 846 起热点教育网络舆情事件。教育网络舆情事件整理分为计算机汇总整理和人工整理两个部分。

（一）计算机汇总整理

计算机汇总整理采用相似检索技术，在给定文献中对内容相似的文献进行分类汇总。相似检索技术通过提取特征词和倒排索引，对给定文献中的每篇文档进行自动分词和提取特征词；根据特征词建立倒排索引库，索引属性包括频、位置以及文本长度等；根据特征词在倒排索引库中查找到与之相关的文档，当待检索文档特征词与索引库的相关度超过一定阈值时，便认定其为相关文档。经计算机汇总整理后，网站、传统媒体（电子版）、论坛、博客中的教育信息由 147.74 万条汇总为 1200 条，微博教育信息由 344.2 万条汇总为 262 条。

（二）人工整理

人工整理是在计算机汇总基础上对教育网络舆情事件进行查重和匹配处理。

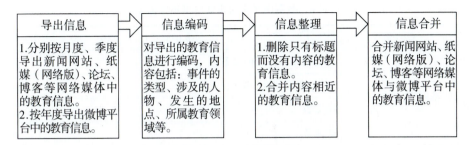

附图2 人工整理流程

　　首先，依托教育网络舆情监测平台，分别按月度、季度导出教育事件相关信息。然后，对导出的教育信息进行统一编码，标注事件的类型、涉及的人物、发生的地点、所属教育领域等，合并内容相近的教育信息。最后，对网站、纸媒（网络版）、论坛、博客中的教育信息和微博教育信息进行匹配，最终得到2013年热点教育网络舆情事件846起。

三、教育网络舆情事件热度指标体系

（一）教育网络舆情事件热度指标选取原则

1. 指标体系说明

　　教育网络舆情事件热度指标体系（以下简称指标体系）覆盖教育网络舆情信息传播的全过程，从媒体表现、网民反应、传播范围以及传播延续时间等四个维度来评价网络舆情事件的热度，能够比较完整地体现舆情信息发布和传播特性。我们将上述分析教育网络舆情事件的四个维度转化为指标体系的四个一级指标，即活跃度、传播力、覆盖度和延续性，在一级指标之下设置了16个二级指标，从整体上对教育网络舆情事件的热度进行评价。

附表 2　教育网络舆情事件热度指标体系

一级指标	二级指标
活跃度（25%）	网络新闻媒体相似文章数
	论坛/虚拟社区发帖数
	博文数
	微博数
传播力（25%）	网络新闻媒体评论数
	论坛/虚拟社区回帖数
	博文评论数
	微博转发数和评论数
覆盖度（25%）	事件波及的网络新闻媒体数
	事件波及的论坛/虚拟社区数
	事件波及的博客数
	事件波及的微博数
延续性（25%）	事件在网络新闻媒体中的延续天数
	事件在论坛/虚拟社区中的延续天数
	事件在博客中的延续天数
	事件在微博中的延续天数

注：（1）网络新闻媒体包括新闻网站、商业网站和纸媒（网络版），微博仅指新浪微博。

（2）教育网络舆情事件热度指数＝25%×活跃度指数＋25%×传播力指数＋25%×覆盖度指数＋25%×延续性指数

2. 指标选取原则

教育网络舆情事件热度指标体系在选取指标时遵循客观性、系统性、真实性和可测性的原则。

客观性：各项指标的选取与网络舆情信息的传播特点保持一致，基本涵盖了舆情信息传播的主要要素。

系统性：整个指标体系是一个严密有序的规则系统。

真实性：所有教育舆情信息数据都基于教育网络舆情监测平台的实时信息抓取，数据真实、可靠。

可测性：各项指标所需数据皆通过教育网络舆情监测平台汇总得到，都参与教育网络舆情事件热度指数计算。

（二）教育网络舆情事件热度指标解释

1. 一级指标

（1）活跃度：主要反映媒体和网民的活跃程度，为网络新闻媒体、论坛/虚拟社区、博客、微博发布的教育网络舆情事件相关信息数量。

网络新闻媒体是指发布新闻的网站，主要包括中央和地方新闻网站、大型商业网站、各级各类政府网站以及纸媒（网络版）。而论坛/虚拟社区、博客和微博主要反映网民的活动。

（2）传播力：教育网络舆情事件信息发布后，在网络新闻媒体、论坛/虚拟社区、博客和微博中获得的网民回应数量。网民回应的信息反映了舆情事件的传播影响力。

（3）覆盖度：教育网络舆情事件信息发布后，舆情事件波及的网络新闻媒体、论坛/虚拟社区、博客和微博博主数量。

（4）延续性：教育网络舆情事件发生后，在网络新闻媒体、论坛/虚拟社区、博客和微博中延续的天数。

2. 二级指标

（1）网络新闻媒体相似文章数：在教育网络舆情监测平台抓取的网络新闻媒体信息中，舆情事件相关信息的数量。

（2）论坛/虚拟社区发帖数：在教育网络舆情监测平台抓取的论坛/虚拟社区信息中，舆情事件相关帖子的数量。

（3）博文数：在教育网络舆情监测平台抓取的博客信息中，舆情事件相关博文的数量。

（4）微博数：在教育网络舆情监测平台抓取的微博信息中，舆情事件相关微博的数量。

（5）网络新闻媒体评论数：在教育网络舆情监测平台抓取的网络新闻媒体信息中，舆情事件相关信息的跟帖数量。

（6）论坛/虚拟社区回帖数：在教育网络舆情监测平台抓取的论坛/虚

拟社区信息中，舆情事件相关帖子的跟帖数量。

（7）博文评论数：在教育网络舆情监测平台抓取的博客信息中，舆情事件相关博文的评论数量。

（8）微博转发数和评论数：转发数是指在教育网络舆情监测平台抓取的微博信息中，舆情事件相关微博的转发数量；评论数是指在教育网络舆情监测平台抓取的微博信息中，舆情事件相关微博的评论数量。

（9）事件波及的网络新闻媒体数：教育网络舆情事件爆发后，舆情事件波及的网络新闻媒体数量。

（10）事件波及的论坛/虚拟社区数：教育网络舆情事件爆发后，舆情事件波及的论坛/虚拟社区数量。

（11）事件波及的博客数：教育网络舆情事件爆发后，舆情事件波及的博客数量。

（12）事件波及的微博数：教育网络舆情事件爆发后，舆情事件波及的微博数量。

（13）事件在网络新闻媒体中的延续天数：教育网络舆情事件爆发后，舆情事件在网络新闻媒体中的延续天数。

（14）事件在论坛/虚拟社区中的延续天数：教育网络舆情事件爆发后，舆情事件在论坛/虚拟社区中的延续天数。

（15）事件在博客中的延续天数：教育网络舆情事件爆发后，舆情事件在博客中的延续天数。

（16）事件在微博中的延续天数：教育网络舆情事件爆发后，舆情事件在微博中的延续天数。

四、教育网络舆情事件热度指数计算方法

教育网络舆情事件热度指数以教育网络舆情事件热度指标体系为基础，利用统计方法对指标体系中的一级指标和二级指标进行指数化处理。它是对教育网络舆情事件传播情况的总体衡量尺度，能够反映教育事件在

网络传播中受关注的程度。通过教育网络舆情事件热度指数排序，能够筛选出网民最关心、最关注的事件。

（一）评价方法

教育网络舆情事件热度指数采用多指标综合评价方法。

1. 加权算术平均法

在教育网络舆情事件热度指标体系中，活跃度、传播力、覆盖度和延续性等四个一级指标对舆情事件热度的影响力相等，因此，四个指标权重相同。教育网络舆情事件热度指数即为四个指标标准化指数的算术平均数。

2. 标准离差法

计算教育网络舆情事件热度指标体系一级指标的指数采用标准离差法，首先对一级指标内的二级指标进行标准化处理，然后计算每个二级指标的标准差，再通过均一化方法处理二级指标的标准差，确定每个二级指标的权重，从而得到一级指标的指数。

（二）具体步骤

假定共有 n 个教育网络舆情事件、m 个一级指标、每个一级指标有 k 个二级指标。

第一步：计算教育网络舆情事件热度的一级指标指数

1. 确定一级指标中每个二级指标的最大值和最小值。

2. 对第 i 个二级指标进行标准化处理，具体公式如下：

$$x_{ij} = \frac{y_{ij} - \min(y_i)}{\max(y_i) - \min(y_i)} \quad (i = 1, 2, \cdots, k)$$

其中：x_{ij} 为第 j 个事件第 i 个二级指标在标准化后的数值；y_{ij} 为第 j 个事件第 i 个二级指标的真实值。

3. 计算第 j 个事件第 i 个二级指标的标准差，具体公式如下：

$$\sigma_i = \sqrt{\frac{1}{n}(x_{ij} - \bar{x}_i)^2} \quad (i = 1, 2, \cdots, k)$$

4. 确定第 j 个事件一级指标内第 i 个二级指标的权重，具体公式如下：

$$\omega_i = \frac{\sigma_i}{\sigma_1 + \sigma_2 + \cdots + \sigma_k}$$

5. 计算第 j 个事件的一级指标指数

$$z_{pj} = \sum_{i=1}^{k} (x_{ij}\omega_i) \times 100 \quad (j = 1,\ 2,\ \cdots,\ n,\ p = 1,\ 2,\ \cdots,\ m)$$

第二步：计算教育网络舆情事件热度指数

教育网络舆情事件热度指数为一级指标指数的算术平均数，具体公式如下：

$$z_j = \frac{1}{m} \sum_{p=1}^{m} z_{pj} \quad (p = 1,\ 2,\ \cdots,\ m)$$

［后　记］

　　本报告为 2013 年中国教育科学研究院公益基金课题"中国教育网络舆情研究"的最终成果，是继《中国教育网络舆情分析报告 2012》之后的又一教育网络舆情监测与分析成果。

　　本课题由中国教育科学研究院信息中心承担。马晓强为课题组负责人，课题组成员共同讨论并确定了报告的结构和写作思路。各章节分工如下：第一章由田凤执笔；第二章由罗李执笔；第三章由吴景松、魏轶娜、王燕钊、刘继文执笔；第四章由马艺方执笔；附录由王重、马艺方执笔；田凤、马艺芳负责全书统稿。田凤、马艺方、罗李、王重为本报告的数据处理和统计分析做了大量工作，王燕钊、刘继文、罗李、何春收集整理了境外媒体对中国教育的评论资料，何春、赵子莹为本报告的排版和图片设计做了很多工作，魏向赤参与了课题总体架构的设计，张臻为课题的顺利实施提供了技术保障，中心其他同志参与了课题讨论、书稿内容审核和编校等相关工作。

　　这是中国教育科学研究院第二份教育网络舆情报告。虽然有了一些经验和工作基础，但在网络舆情分析技术、内容框架、内容组织等方面，我们仍在不断地探索和优化，特别是在教育舆情传播分析和应对方面还相当薄弱。本报告还存在诸多不足之处，恳请大家批评指正，并多提宝贵意见。我们将继续努力，切实做好教育舆情研究工作，为教育改革发展做出更大贡献。

　　在本报告的撰写过程中，院领导和相关专家给予了大力支持与指导，教育科学出版社的领导和编辑付出了心血与努力，在此一并表示衷心感谢。

出 版 人　所广一
责任编辑　何　艺
版式设计　孙欢欢
责任校对　贾静芳
责任印制　叶小峰

图书在版编目（CIP）数据

中国教育网络舆情报告. 2013／中国教育科学研究
院教育舆情研究课题组著. —北京：教育科学出版社，
2015.6
　（国情教育研究书系）
　ISBN 978-7-5041-9568-5

　I.①中… Ⅱ.①中… Ⅲ.①计算机网络—应用—教
育事业—研究报告—中国—2013　Ⅳ.①G434

中国版本图书馆 CIP 数据核字（2015）第 123391 号

中国教育网络舆情报告 2013
ZHONGGUO JIAOYU WANGLUO YUQING BAOGAO 2013

出版发行	教育科学出版社		
社　　址	北京·朝阳区安慧北里安园甲 9 号	市场部电话	010-64989009
邮　　编	100101	编辑部电话	010-64981167
传　　真	010-64891796	网　　址	http://www.esph.com.cn
经　　销	各地新华书店		
制　　作	北京金奥都图文制作中心		
印　　刷	保定市中画美凯印刷有限公司		
开　　本	169 毫米×239 毫米　16 开	版　　次	2015 年 6 月第 1 版
印　　张	7.5	印　　次	2015 年 6 月第 1 次印刷
字　　数	97 千	定　　价	30.00 元

如有印装质量问题，请到所购图书销售部门联系调换。